資料集

日本軍にみる性管理と性暴力

——フィリピン１９４１～４５年

戦地性暴力を調査する会／編

1941~45
PHILIPPINES

梨の木舎

はじめに

本書は、防衛省防衛研究所図書館に所蔵されている、フィリピン関係陸軍戦史史料の中から、日本軍文書にみる性管理と性暴力をあらわす資料を収めたものである。すなわち、「慰安所」、強姦や暴行についての記述のあるもの、性病（当時は花柳病という呼び方もあった）についての対策や、軍紀風紀をかかげて性犯罪を取り締まろうとするもの、および占領下の現地の証言・状況等をつたえている資料を収録している。

これは、先に当調査会が発行した『日本占領下フィリピンにおける日本軍性暴力史料集　1941～1945』（戦地性暴力調査会　私家版、二〇〇〇年）に、その後調査した資料を加え、あらたな視点から編集・構成しなおしたものである。調査の範囲を広げた結果、フィリピンに加えて、中国、台湾、「南方地域」に関する資料も一部、収録した。

防衛省防衛研究所図書館では、フィリピン関係陸軍戦史史料を、主に「比島」として分類し、ほぼ時期ごとに、「比島進攻」、「比島防衛」、「比島全般」、「比島決勝」等に分けている。さらに、方面軍、師団、連隊、大隊など、部隊別の名称をつけてファイルしている。ただし、一つの簿冊の中に時期や種類などの異なるさまざまな資料が混在しているものもあり、分類は必ずしも厳密ではない。

フィリピン関係の資料には、「陣中日誌」、「戦闘詳報」、「業務詳報」、「作命綴」など、各部隊の作戦、戦闘の記録や報告、および軍政部・軍政監部発行の「軍政広報」等いわば公的史料、また戦後の「復員関係資料」や、戦史室・戦史部編の聞き取り調査資料など多岐にわたる種類の文書があり、総数でおよそ一五〇〇冊余りと思われる。それらは、戦後、執筆・発表されたものを除けば、敗戦時の資料焼却や、散逸を免れて残ったものであり、軍資料全体から見ると、ほんの一部にすぎない。

また、これらの資料は、当時の軍の厳重な管理、検閲のもとに記録作成、保存されたものであり、軍の立場が反映されているものと言える。

さらにそのなかには、現在なお非公開（たとえば「日記」など）とされているもの、当初は公開ないし一部公開されていたのが、今では閲覧禁止となっているものもある。「個人情報保護」などを理由に、たとえば犯罪の記録がまるごと袋綴じにしてあるもの、また「名簿」などを袋綴じした上に複写を貼り、名前部分のみ墨塗りしたものなども多い。簿冊ごと複写禁止、とされている資料も多数ある、というのが現状である。


しかし、このような状況でも、これらの軍資料のなかから読み取れたものも少なくない。「陣中日誌」や「会報」といった日常的な記録のなかに、「慰安所」の設置・運営管理についての記述が見られる。「皇軍」のための性病予防の方策や検黴検査など、性病対策に関する文書が多数ある。それにもかかわらず、性病が蔓延し、困惑している実情を示す資料も多い。また、占領した日本軍による女性への暴行や強姦、といった事実の記録が多数みられる。

軍の上層部は、こうした「性的問題」を取り締まるために軍紀風紀の確立を必須として、訓示や命令、勧告等をくりかえし発している。それは逆からみれば、取り締りが容易でなく、絶えず綱紀粛正の戒告を発せざるをえなかったフィリピン占領の実態、状況を示していると言える。

憲兵隊の「通信（郵便）検閲月報」や、フィリピン人の書翰、また反日運動のビラなどの資料は、現地の側からみた日本軍占領の実態をつたえるものである。

これらの資料は四章に分け、それぞれ、

1章　「慰安所」
2章　性病対策
3章　「性的問題」の取締
4章　現地の証言

として構成した。

またフィリピン以外の資料は各章の末尾にいれた。中国（史料分類では「支那」）、台湾、「南方地域」関係資料（史料分類は「南方」）、「陸亜密大日記」「陸支密大日記」等の資料である。

＊なお、一九九二年以降、フィリピンでも日本軍「慰安婦」にされた被害者が多数、名乗り出ている。その証言により、軍資料に記録されている軍管轄「慰安所」のほかに日本軍の各駐屯地（病院、倉庫、工場、市場など）に、日本兵によって現地女性が拉致監禁され性奴隷を強いられた事実があきらかになっている。彼女たちの証言に沿って軍文書の調査をしたが、直接的記録は見いだせていない。

戦地性暴力を調査する会

目次

1章 慰安所

解題 16
資料1 揚陸左の如し 慰安所二十四名 一九四二(昭和一七)五月二九日 18
資料2 慰安所に関する規定 一九四二(昭和一七)年六月六日 18
資料3 比女三名を以て慰安所を開設 一九四二(昭和一七)年六月一六日 20
資料4 慰安所設置 一九四二(昭和一七)年六月一一日 21
資料5 カガヤン市には慰安婦四名あり 一九四二(昭和一七)年七月三一日 22
資料6 軍人倶楽部規定 一九四二(昭和一七)年七月 23
資料7 各種慰安設備を増し 一九四二(昭和一七)年八月一〇日 24
資料8 慰安所に立寄り遊興し 一九四二(昭和一七)年八月一一日 25
資料9 邦人の接客業者の取扱 一九四二(昭和一七)年八月三一日 26
資料10 船員慰安休養施設経営の為南方進出に関する件 一九四二(昭和一七)年九月三〇日 27
資料11 外出に関し規定す 一九四二(昭和一七)年一〇月五日 29
資料12 慰安婦は流言を恐れてマニラに帰宅す 一九四二(昭和一七)年一一月一〇日 30
資料13 兵站勤務に関する規定(慰安に関する事項) 一九四二(昭和一七)年一一月一七日 31
資料14 慰安所規定(第一慰安所・亜細亜会館) 一九四二(昭和一七)年一一月二二日 33

資料15　パナイ島接客業組合　一九四二(昭和一七)年　35
資料16　慰安施設に立入る場合は身分証明書を携帯する　一九四三(昭和一八)年一月二九日　37
資料17　慰安所に軍人軍属以外のもの出入し取締困難　一九四三(昭和一八)年二月　39
資料18　第三慰安所を開業せしむ　一九四三(昭和一八)年二月一三日　40
資料19　慰安所　現在一名病気にて五名なり　一九四三(昭和一八)年四月　41
資料20　タクロバン町要図（慰安所あり）　一九四三(昭和一八)年六月二四日　42
資料21　慰安婦の金銭紛失で内々裡に解決せり　一九四三(昭和一八)年八月三日　44
資料22　兵站設備慰安所等は第二師団に於て処理する　一九四三(昭和一八)年九月一九日　45
資料23　巡視経路要図（慰安所あり）　一九四四(昭和一九)年一月一〇日　46
資料24　慰安所の衛生に関する指導監督　一九四四(昭和一九)年三月一七日　48
資料25　日本語教師二名は慰安婦を連れ出し　一九四四(昭和一九)年三月二二日　48
資料26　従業員帰還に関する件　一九四四(昭和一九)年五月一日　49
資料27　慰安休養のため保健上陸　一九四四(昭和一九)年六月一一日　50
資料28　兵の慰安機関もなく　一九四四(昭和一九)年八月二五日　53
資料29　第一慰安所被服窃盗事件　一九四四(昭和一九)年九月二六日　54
資料30　含む慰安婦二十五名　一九四四(昭和一九)年一一月二日　55
資料31　犯罪統計一覧表　一九四二(昭和一七)年三月一九日　56
資料32　軍法会議取扱人員表　一九四二(昭和一七)年一二月　58
資料33　軍法会議取扱罪数表　一九四二(昭和一七)年一二月　59
資料34①　強姦被告事件・投書　一九四二(昭和一七)年一二月一六日　59
資料34②　強姦被告事件　聴取書①　一九四二(昭和一七)年一二月一六日　62

資料34③ 強姦被告事件　聴取書② 一九四三(昭和一八)年一月二日 63
資料35 比人女被害者の告訴に依る強姦取調処刑通報 一九四三(昭和一八)年六月二九日 66
資料36 一九四三(昭和一八)年六月 67
資料37 破廉恥の犯行者を出しました 一九四三(昭和一八)年一二月一日 70
資料38 強姦事件の発生を見たる 一九四四(昭和一九)年六月一〇日 70
資料39 戦時強姦容疑事件の申出 一九四四(昭和一九)年七月一三日 71
資料40 強姦事件の報に接し 一九四四(昭和一九)年八月一二日 72
資料41 異民族戦不軍紀事例(タクロバン) 一九四三(昭和一八)年一月 73
資料42 陸軍々人軍属非行表(五月) 一九四三(昭和一八)年六月一三日 75
資料43 異民族戦不軍紀事例(六月・パラワン) 一九四三(昭和一八)年六月二五日 78
資料44 異民族戦不軍紀事例―将校は娘の「サービス」を要求す 一九四三(昭和一八)年六月 79
資料45 陸軍々人軍属非行表(六月) 一九四三(昭和一八)年七月一二日 80
資料46 陸軍々人軍属非行表(七月) 一九四三(昭和一八)年八月一四日 81
資料47 陸軍々人軍属非行表(八月) 一九四三(昭和一八)年九月一四日 83
資料48 陸軍々人軍属非行表(九月) 一九四三(昭和一八)年一〇月一六日 84
資料49 陸軍々人軍属非行表(一〇月) 一九四三(昭和一八)年一一月一四日 85
資料50 異民族戦軍紀風紀取締状況表―捕縛し民家に連行強姦す 一九四四(昭和一九)年六月一日 86
資料51 異民族戦軍紀風紀取締状況表―戦地強姦をなしたり 一九四四(昭和一九)年七月三日 88
資料52 陸軍々人軍属非行表―劣情を生じ姦淫せんと暴行 一九四四(昭和一九)年九月三日 89
資料53 陸軍々人軍属非行表―飲酒酩酊の上抜剣、暴行する 一九四四(昭和一九)年一〇月一六日 91
資料54 陸軍々人軍属非行表―慰安所に出入り中性病に感染 一九四四(昭和一九)年一二月一日 93

資料55　ボルネオ行「慰安土人」五〇名・「慰安婦」二〇名増派諒承相成度　一九四二(昭和一七)年三月一二日　94
資料56①　慰安場を開設せらるゝに付　一九四二(昭和一七)年四月三日　96
資料56②　指定慰安所以外絶対立入を禁止す　一九四二(昭和一七)年四月一八日　98
資料56③　掠奪強姦をなす者増加せり　一九四二(昭和一七)年五月九日　99
資料56④　休養中の朝鮮慰安婦を無断連出すものあり　一九四二(昭和一七)年五月一三日　100
資料56⑤　慰安所の有毒婦を収容　一九四二(昭和一七)年五月一四日　101
資料56⑥　日本慰安婦営業を開始す　一九四二(昭和一七)年五月一六日　101
資料57　昭南駅コウシヤ要員として招致　一九四二(昭和一七)年四月二八日　103
資料58①　軍酒保要員並に慰安婦に対する正式渡航手続　一九四二(昭和一七)年一一月一二日　104
資料58②　返電—慰安婦は既に南方地域に於ては飽和状況なる　一九四二(昭和一七)年一一月一八日　105

2章　性病対策

解題　108
資料59　衛生サック五六〇万個　一九四二(昭和一七)年二月二五日　110
資料60　衛生サック一五三〇万個　一九四二(昭和一七)年三月三〇日　112
資料61　本日の実施課目　花柳病予防法学科　一九四二(昭和一七)年四月一七日　114
資料62　花柳病に感染せるものあり　一九四二(昭和一七)年八月二一日　115
資料63　将兵性病処理に関する通牒　一九四二(昭和一七)年九月一八日　115
資料64　本部より配布したるサック　一九四二(昭和一七)年一一月二一日　116
資料65　衛生サック欠乏せるに付　一九四二(昭和一七)年一一月二一日　117

資料66　サックを左記により分配　一九四二(昭和一七)年一二月一二日　118
資料67　慰安所の監視に努め月間性病患者なし　一九四二(昭和一七)年一二月　118
資料68　花柳病予防に関する連隊長注意　一九四三(昭和一八)年一月二六日　119
資料69　花柳病患者罹患経路調査　一九四三(昭和一八)年二月二六日　121
資料70　花柳病の撲滅に尽力せり　一九四三(昭和一八)年六月三〇日　123
資料71　保健衛生―比島は花柳病特に多く　一九四三(昭和一八)年九月二〇日　124
資料72　性病検査を実施す　一九四三(昭和一八)年八月二五日～九月二〇日　126
資料73　性病のみの治病の為入院中のものは御下賜品拝受せしめす　一九四三(昭和一八)年一一月八日　127
資料74　花柳病は猛烈に蔓延しある状況　一九四三(昭和一八)年一二月　130
資料75　行政命令―検黴の件　一九四四(昭和一九)年三月一日　130
資料76　慰安所用として衛生サック一万個　一九四四(昭和一九)年三月一二日　131
資料77　検黴成績の件①～⑧　一九四二(昭和一七)年五月一二日～十二月二七日　133
資料78　コレヒドール攻略戦戦病調査表（四月）　一九四二(昭和一七)年五月七日　144
資料79　患者統計表　一九四二(昭和一七)年一一月一日　145
資料80①　花柳病治療の概況（アルバイ）　一九四二(昭和一七)年五月八日　147
資料80②　花柳病治療の概況（レガスピー）　一九四三(昭和一八)年一月一日～六月三〇日　149
資料81①　還送患者輸送実施の件通牒（うち花柳病患者数）　一九四二(昭和一七)年一月二二日　151
資料81②　還送患者輸送実施の件報告（うち花柳病患者数）　一九四二(昭和一七)年一一月二〇日　153
資料82　花柳病予防―幹部に対する衛生教育順序　一九四〇(昭和一五)年二月　155
資料83　大東亜戦争関係将兵の性病処置に関する件　一九四二(昭和一七)年六月　160
資料84①　南方補給用並防疫用衛生材料（第五次）交付の件　一九四二(昭和一七)年四月一三日　161

資料84② 南方補給用衛生材料（第一四次）交付の件 一九四二（昭和一七）年一一月五日 163
資料85 衛生サック等に関する一覧表〔編者作成〕 165

3章 「性的問題」の取締

解題 170
資料86 強奪強姦等の行為は絶対厳禁す 一九四二（昭和一七）年一月三日 172
資料87 暴行又は猥褻に亘るが如き行為 一九四二（昭和一七）年一月三日 172
資料88 憲兵の職権乱用に就いて 一九四二（昭和一七）年四月二日 173
資料89 性的問題の根絶 一九四二（昭和一七）年七月一九日 175
資料90 掠奪強姦等非違行為の防止 一九四二（昭和一七）年八月六日 176
資料91 師団参謀長口演要旨―強姦行為は治安を乱す原因となる 一九四二（昭和一七）年八月 177
資料92 軍参謀長口演要旨―作戦初期に強姦著しく多く 一九四二（昭和一七）年九月二二日 178
資料93 異民族戦軍紀の確立を急務とす 一九四二（昭和一七）年一一月一五日 179
資料94 軍人の対比島人態度に関する件 一九四二（昭和一七）年一二月二〇日 180
資料95 部隊の名誉を傷つけたるもの 一九四二（昭和一七）年一二月二六日 181
資料96 私娼屈に出入りする者の大部は飲酒せる者 一九四三（昭和一八）年一月八日 182
資料97 軍風紀の現状―私娼を漁る者増加 一九四三（昭和一八）年一月八日 183
資料98 匪首の妻子、家族の捕獲に努むること 一九四三（昭和一八）年一月九日 185
資料99 慰安施設を多くすると兵の討伐力を弱む 一九四三（昭和一八）年二月四日 186
資料100 慰安等は後にし先づ討伐を実施すべし 一九四三（昭和一八）年二月六日 186

資料101　皇軍擁護の徹底に関する件　一九四三(昭和一八)年二月二一日　187
資料102　些末の非違と雖も犯さす犯さしめす　一九四三(昭和一八)年四月一日　188
資料103　殺戮、放火、掠奪、強姦に就きて　一九四三(昭和一八)年五月二日　189
資料104　皇軍の対住民態度よりする治安観察　一九四三(昭和一八)年九月一六日　191
資料105　非行を敢て為す者跡を絶たす　一九四三(昭和一八)年一二月一五日　192
資料106　隊長ビサヤ地方憲兵服務指示図解　一九四三(昭和一八)年　194
資料107　新部隊長訓示　一九四四(昭和一九)年一二月一四日　195
資料108　陸軍刑法加除改正　一九四二(昭和一七)年二月一九日　196

4章　現地の証言

解題　200
資料109　抗日伝単―風刺漫画　一九四二(昭和一七)年五月一九日　202
資料110　通信検閲標準　一九四二(昭和一七)年一〇月二七日　204
資料111　郵便検閲―強姦はたせず激昂、暴行をなし　一九四二(昭和一七)年六月五日　206
資料112　郵便検閲―婦女子を追ひ廻し強姦　一九四二(昭和一七)年一一月一〇日　207
資料113　郵便検閲―治安上有害なる郵便物　一九四三(昭和一八)年四月三〇日　208
資料114　郵便検閲―比律賓人は痩せて日本人が肥る　一九四三(昭和一八)年五月三一日　211
資料115　郵便検閲―邦人にも慰安設備が欲しい　一九四三(昭和一八)年五月三一日　213
資料116　郵便検閲―裸の儘で広場に立たされる　一九四三(昭和一八)年八月一五日　214
資料117　通信検閲―無辜の住民が沢山日本兵に殺害された　一九四三(昭和一八)年九月　215

資料118　郵便検閲—女子供が七〇名も殺された　一九四二(昭和一七)年九月三〇日　218
資料119　ダバオ付近に於ける軍政実施の状況　一九四二(昭和一七)年一一月二九日　220
資料120　陸軍大臣訓示　一九四二(昭和一七)年一〇月一三日　222
資料121　通牒—マニラ市民の生活実相　一九四二(昭和一七)年一二月一一日　223
資料122　物資不足物価昂騰に基因する生活難(イロイロ)　一九四三(昭和一八)年一〇月一日　226
資料123　通牒—生活逼迫を続ける民衆の動向(バヨンボン)　一九四四(昭和一九)年一月　228
資料124　宣伝文—日本軍は自分達の食物を取り婦女子を強姦し　一九四二(昭和一七)年一一月一五日　230
資料125　「ゲリラ」隊司令部覚書　一九四二(昭和一七)年一二月二二日　232
資料126　抗日宣伝文—日本軍隊は婦人を辱めた　一九四三(昭和一八)年五月二日　233
資料127　書翰—日本兵は婦女を強姦虐待した　一九四三(昭和一八)年六月一五日　235
資料128　抗日教材並同宣伝資料　一九四三(昭和一八)年一〇月二六日　235
資料129　宣伝文—如何に多くの婦女が強姦せられしことか　一九四四(昭和一九)年一月二五日　237
資料130　書翰—日本兵に依り犯されし最も非度い犯罪　一九四四(昭和一九)年一月二七日　239
資料131　日本が比島を征服した後何を為したか　一九四四(昭和一九)年一月二九日　241
資料132　書翰—日本兵の人道を無視せる行為　一九四四(昭和一九)年四月一六日　242
資料133　宣伝ビラ—日本軍の山地討伐は殺人、強姦、掠奪を作り上げる　一九四四(昭和一九)年五月二九日　243
資料134　終戦直前に於ける状況　一九五六(昭和三一)年四月　244
日本占領下フィリピン略年表　249
日本占領下フィリピン要図　250

凡例

一、各資料のタイトルは、原資料名称や文中の言葉を引用し、編者がつけた。

二、資料の所在がわかるように、資料タイトルの次に簿冊の年度、名称、請求記号を付した。

三、資料は漢字カタカナ文がほとんどであるが、読みやすさを重視し、カタカナはひらがなに直した。

四、字遣いは原文のままとした。旧字体は、原則として新字体に直した。例えば、附は付に　滌は浄に統一した。但し、数字の壱、弐、参、拾は原文通りとした。

五、句読点は原文通りとした。

六、難読文字には、ひらがなでルビをつけた。但し、資料にカタカナでルビのあったものは、原文通りとした。漢字の地名には、カタカナのルビをつけた。

七、明らかな誤字、誤植、誤記であっても、その横にママを付し、そのままとした。

八、表中の横書きのものは、左から右の表記に統一した。

九、判読不明文字は□□《不明》と記した。

一〇、資料の一部を省略した場合は、〔前略〕〔中略〕〔後略〕〔略〕とし、その関係を明らかにした。また抄録した場合は、〔抄〕と付した。

一一、資料について気づいたことや、資料から読み取れることを編注として、各資料の後に付した。章ごとに、解題を付した。

一二、巻末に、「日本占領下フィリピン要図」「日本占領下フィリピン略年表」を付した。

1章　慰安所

いる資料を収めている。

解題

本章には「慰安所」「慰安婦」に関するもの、および強姦や虐待など、直接的な性暴力の記述がなされている資料を収めている。

「慰安所」の記事としては、一九四二（昭和一七）年五月二九日の、パナイ島イロイロ市における、「揚陸左の如し　慰安所二十四名」資料1がある。この「揚陸」後、ただちに「第二慰安所」として検黴検査がおこなわれていることが、「検黴成績の件」資料77に記述されている。この二四人は台湾人女性たちであったようである。

パナイ島に日本軍が上陸したのは前月の四月である。この「検黴成績の件」には、右の記事に先立ち、すでに五月一二日には「第一慰安所」が開設され、イロイロ患者療養所において検黴検査がおこなわれたという記録がある。六月には、ミンダナオ島ブツアンならびにカガヤンで「慰安所」を開設した旨の記述資料2～5がある。兵、下士官、将校別の、時間や金額、日割などが細かく規定されている。ブツアンでは、「比女三名を以て慰安所を開設」資料3とあり、当初よりフィリピン女性を「慰安婦」としていたことがうかがえる。

その後、各地で次々と軍の駐留と時を同じくして「慰安所」が設置されていくが、「慰安所規定」資料14に「慰安所の監督指導は軍政監部之を管掌す」とあるように、すべて軍の主導のもと、軍の指導監督下にあって、しかも利用は軍人軍属に限るものであった。

「慰安所」の管理については、「軍人倶楽部規定」資料6などにおいて細かく規則を設け、料金を支払うこと、飲酒や暴行の禁止、性病予防につとめることなど、繰り返し命令がなされている。しかし実際には、「陸軍々人軍属非行表」資料42、45～49に見られるように、規則が守られず、飲酒酩酊の上の暴行はあとを絶たず、取り締まりに難渋しているという記述も多い。

また、フィリピンだけでなく、「南方地域」においても占領当初から多数の「慰安所」が設置されている。インドネシアのジャワ島スラバヤ市では、一九四二年三月末にフィリピンから移動した部隊が、四月三日には「慰安所」を開設資料56している。そこには、朝鮮人や日本人の「慰安婦」がいたという記述がある。また、「南方地域」へ「慰安婦」が送られた経緯がわかる資料資料57、58などもあり、これらは最後に収めている。

一方で、フィリピン上陸当初より、掠奪や強姦も頻々とおこなわれていたことが、憲兵隊の記録に多数出てくる。「強姦被告事件・聴取書」資料34をみると、日本兵が駐屯地で日々、街道付近の住民に対して繰り返している食料や衣類の掠奪、また「泥酔して家から家へ女を捜して歩き、銃で脅し強姦する」といった不法行為の実態が記されている。

ほかにも、前述の「陸軍々人軍属非行表」や、「特務日誌」資料50、51等などの憲兵隊の各資料にはこうした数々の「非行」が記述されており、日常茶飯的に繰り返されていた様子がわかる。ここで取り上げたものは、性暴力に関する事例のみであるが、いずれも憲兵の処置は、口答非違通報、厳重説諭、粛正自戒といった、比較的軽いものとなっている。「暴行の上、強姦」に対しても、「一部住民の怨嗟を買ひ軍人の威信を失墜す」資料50といった程度の認識である。戦地強姦、戦地強姦致死などの罪状であっても、重罪を科しているものはみあたらない。

資料1　揚陸左の如し　慰安所二十四名

『昭和一七・五・一九～一七・一一　第四　十四碇泊場イロイロ出帳所日報綴』（比島防衛445）

日報

イロイロ出張所特別班

月日　五月二十九日　天候晴　暑気強し

記事

一、午前八時沖の山丸「マニラ」より「サンホセ」経由入港岸壁繋留す
　揚陸左の如し
　　飛行隊　　十四名
　　野戦郵便局　五名
　　慰安所　二十四名
　及右が携行資材五二碇陸上班揚陸作業をなす
〔二、三　略〕

編注（慰安所に送られた二四人は台湾女性、詳細は資料77「検徴成績の件」の編注2を参照）

資料2　慰安所に関する規定

『昭和一七・四・一～一七・六・三〇　独立守備歩兵第三十五大隊陣中日誌』（比島進攻100）

六月六日　土晴　於　ブッアン

一、本日会報左の如し

会報　六月六日

一、慰安所に関する規定を別紙の如く定む〔中略〕

六月六日　於　ブッアン

別紙

慰安所に関する規定

一、慰安所開設に関し左記の如く規定す

1. 開始時間

兵　自一三〇〇　至一七〇〇

下士官　自一七〇〇　至二〇〇〇

将校　二〇〇〇以後

2. 金額

兵　一、五〇〇　下士官　二、〇〇〇　将校　三、〇〇〇

3. 日割

山口隊　月、火、木、土、

市原隊　日、水

公休日　金曜日

4. 外出は勤務に支障なき兵にして小隊毎に外出せしむるものとす

5. 下士官の外出は所属中隊と共に外出するものとす

二、衛生施設に関しては田中見習士官之を担任すへし
三、其他細部に関しては各隊長に於て規定すへし

資料3　比女三名を以て慰安所を開設

『昭和一七・四・一〜一七・一一・三〇　独立守備歩兵第三十五大隊第一中隊陣中日誌』（比島進攻101）

昭和十七年六月十六日

ブツアン警備隊　山口中尉

情況報告

一、敵情〔略〕
二、警備要領〔略〕
三、宣伝宣撫〔略〕
四、衛生状態〔略〕
五、慰安所及酒保
比女三名を以て慰安所を開設し兵の慰安に供しつゝ在り将来女の増員を計画しつゝ在り
酒保《しゅほ》は主として果物、コーヒ、うどん等を販売せしめ兵の慰安に供しつゝ在りいすれも概して好成績の傾向に在り
六、給養〔略〕

資料4　慰安所設置

『昭和一七・四・一〜一七・六・三〇　独立守備歩兵第三十五大隊陣中日誌』（比島進攻100）

会報　六月十一日　〔カガヤン〕

一、慰安所設置に関し左の通り定む

1.　時間　兵　一三〇〇—一八〇〇

下士官　一八〇〇—二〇〇〇

将校　二〇〇〇以降

2.　料金

時間	将校及同待遇者	下士官及同待遇者	兵
三十分	三、〇〇	一、五〇	一、〇〇
一時間	四、〇〇	二、五〇	二、〇〇
前半及後半夜	六、〇〇		
一泊	八、〇〇		

3.　場所

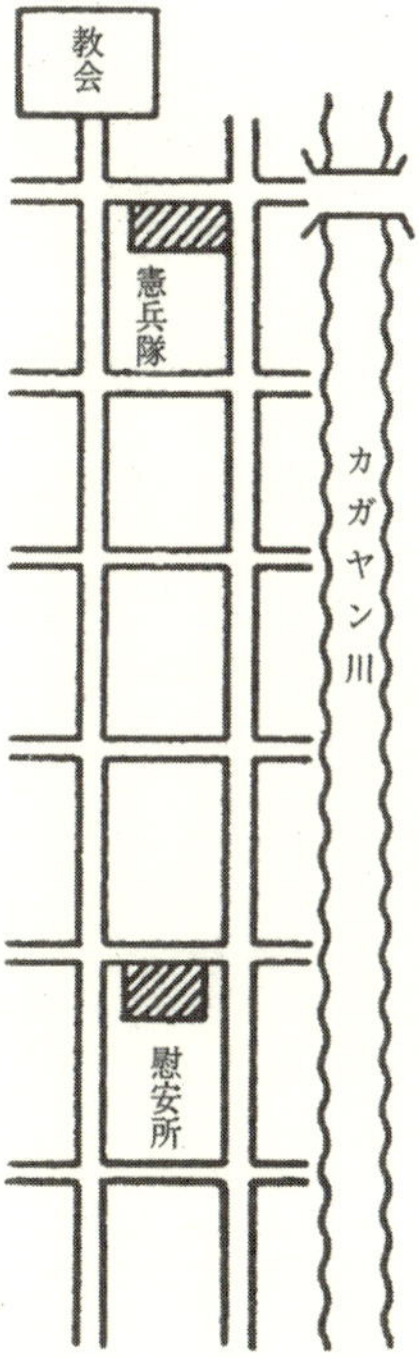

資料5　カガヤン市には慰安婦四名あり

『昭和一七・八・一～一七・八・三一　独立守備歩兵第三十五大隊陣中日誌』（比島防衛297）

自七月一日至七月三十一日

戦時月報

独立守備歩兵第三十五大隊

目次

第一　治安の状況〔略〕
第二　主要なる討伐の経過〔略〕
第三　討伐の成果〔略〕
第四　将来の企図〔略〕
第五　教育〔略〕
第六　兵器〔略〕
第七　経理〔略〕
第八　衛生

一～三〔略〕

四、其の他

目下隷下部隊及在留邦人の診療、宣撫施療を為しあり、又当「カガヤン」市には慰安婦四名あり全部健康にして特に厳重なる監督指導を為しあり

資料6　軍人倶楽部規定

『昭和一七・七　マスバテ島警備隊日命綴』（比島防衛677）

軍人倶楽部規定

一、軍人倶楽部は軍人（軍属含）の慰安を求むる所とす

二、使用配当日割左の如し

日曜日　大隊本部、行李
月曜日　第十一中隊
火曜日　機関銃中隊、歩兵砲隊
水曜日　衛生隊
木曜日　工兵隊、輜重隊《しちょうたい》、無線
金曜日　体育隊、通信、弾薬班
土曜日　午前検査

三、使用時間を左の通り定む

兵　一〇〇〇――一六三〇
下士官　一七〇〇――一九三〇

四、慰安料左の如し

下士官、兵　一比五〇仙
将校　二比五〇仙

但し実施は一回とし其時間は四十分以内とす　四十分増す毎に一比宛増額とす

五、倶楽部に於て守るべき件左の如し

1. 慰安を求めんとするものは必ず受付に於て番号札を受け其順序を守り料金は慰安婦に渡すこと
2. 規定を厳守し公徳を重んじ他人に迷惑を及ぼさざること
3. 「サック」及予防薬（一揃五銭）は之を慰安婦より受領し予防法は必ず実行し花柳病に罹らざること
4. 不用意の言動を慎み防諜に注意すること
5. 慰安所に於ては飲酒を禁ず
6. 酩酊の上暴行等の行為あるべからざること
7. 毎週土曜日昼間は健康診断休業とす

六、其の他

1. 倶楽部に到る下士官兵は中隊長（独立小隊長「工兵隊は輜重小隊長」）の発行する外出証を携行するものとし二人以上同行し且途中市内を漫歩せざること
2. 服装は略装にして帯剣し巻脚絆《きゃはん》を穿《うが》つ

『陸亜密大日記』昭和十七年第四十五号　1／3（陸軍省陸亜密大日記S17-116）

資料7　各種慰安設備を増し

軍政実施概況報告（旬報）　自八月一日　至八月十日　第二十一号

渡集団軍司令部

昭和十七年八月十日

〔前略〕
第三、セブ軍政監部支部関係事項
其の一、一般状況
永野支隊の果敢なる剿滅《そうめつ》作戦にも拘らす「レイテ」「パナイ」両島の残敵は依然其の跡を絶たす逐次匪賊化しゲリラ式戦法を採るに至れり
支部は依然任務を続行し永野支隊の行動に接《ママ》極的協力を為しつつあり
其の二、治安状況
一、「セブ」島は全く治安回復し住民は安して生業に従事しあり　殊に「セブ」市及其の近傍は最近頓に各種慰安設備、飲食店其の他各商店を増し利用者亦激増毎夜殷賑《いんしん》を極めつつあり
「セブ」警察隊は引続き軍に協力逃避残存せる米比軍将兵旧政府要人一般有力者、敵国市民、追求逮捕敵軍兵器の蒐集等に日夜努力しつつあり尚同隊幹部を島内各町村に派遣流言の防止反日潜行運動の探査等に当らしめつつあるも反日運動は未た其の事実を認めす
当支部直営の英字新聞及映画館は逐日其の販売部数及観客数を増加し民心安定に資する所大なりと認める
〔後略〕

『昭和一六・一二～一七・一二　垣（16D）部隊関係書類綴』（比島進攻8）

資料8　慰安所に立寄り遊興し

通報

昭和十七年八月十一日
連隊本部　大西少尉

リブマナン警備隊長殿

最近隔地部隊より公用のため「ナガ」に派遣せらるゝ下士官兵にして私用を弁し甚たしきは慰安所に立寄り遊興し又は飲食店に於て泥酔し軍人の体面を汚すか如き行為あるを以て厳に注意せられ度尚「ナガ」に派遣せらるゝ公用者には必ず公用腕章を付著せしめ且引率者を命せらるゝ如く指示せられたるに付　依命通報す

『陸亜密大日記』昭和十七年第五十七号　3／4（陸軍省陸亜密大日記　S17-151）

資料9　邦人の接客業者の取扱

陸亜密受第一一六九九号

軍政実施概況報告（旬報）

自八月二十一日
至八月三十一日（第二十三号）

昭和一七年八月三十一日
渡集団司令部

〔第一〜九章　略〕

第十章　軍政監部支部関係事項

第一　マニラ軍政監部支部

其一　治安情報〔略〕

其二　政務事項

一、邦人の接客業者の取扱

イ、邦人「ホテル」業者中営業禁止を命じたるもの四件なり、在留邦人中「ホテル」名義の下に比人婦女子に売淫行為を為さしめつつあるものあり斯る行為は新事態に副はざるものと認めたるに付営業禁止を命じたり

〔後略〕

資料10　船員慰安休養施設経営の為南方進出に関する件

『陸亜密大日記』昭和十七年第五十七号　2／4（陸軍省陸亜密大日記　S17-150）

〔前略〕

船員慰安休養施設経営の為南方進出に関する件

次官より日本海運報国団理事長宮田武太郎宛通牒

船員の慰安、休養施設経営の為別紙に基き貴団を南方に進出せしむることに定められたるに付通牒す

陸亜密第三七五三号　昭和拾七年九月卅日

別紙

一、目的

日本海運報国団の南方進出に関する件

日本海運報国団をして南方水域に活動する船員に対し真の慰安休養を与ふると共に各種の便宜を得しむるに在り

二、進出せしむへき場所

当分西貢《サイゴン》、昭南、蘭貢《ラングーン》、バタビヤ、スラバヤ、マニラの六港とし将来所要に応し逐次其の他に進出せしむ

三、実施せしむへき事項

1. 船員の慰安休養設備の外

高級船員三〇名　普通船員一〇〇名程度（昭南は二倍）の宿泊施設並経営

2. 船員に対し日用雑貨品の購買

3. 船員の郵便物発送受領の仲介

4. 現地に於ける船員補充の斡旋

四、施設並経営の要領

1. 初度施設（慰安休養の為の特種《ママ》施設を除く）に限り現地軍に於て実施し報国団に無償貸与す

施設に要する建物等は極力押収敵産を利用するものとす

2. 経営は現地船舶機関の管理下に之を実施せしめ経営に要する資金は南方開発金庫より融通するものとす

右融通資金は毎年度末毎に海運報国団本部之を返済するものとす

3. 日用雑貨品は当分の間軍酒保品の一部を流用し宿泊に要する寝具等は軍需品中現用品を貸与することを得

資料11　外出に関し規定す

『昭和一七・一〇・一〜一七・一〇・三一　独立守備歩兵第三十五大隊陣中日誌』（比島防衛298）

吉江部隊日々命令　十月五日　ダンサラン

一、外出に関し左記の通り規定す

1. 外出は一般に一二、〇〇以後とし必ず二名以上同行するものとす
2. 民家に立寄るを禁ず
3. 外出散歩区域別紙第一の如し
4. 慰安所使用日割表別紙第二の如し

別紙第一

外出区域要図

外出区域

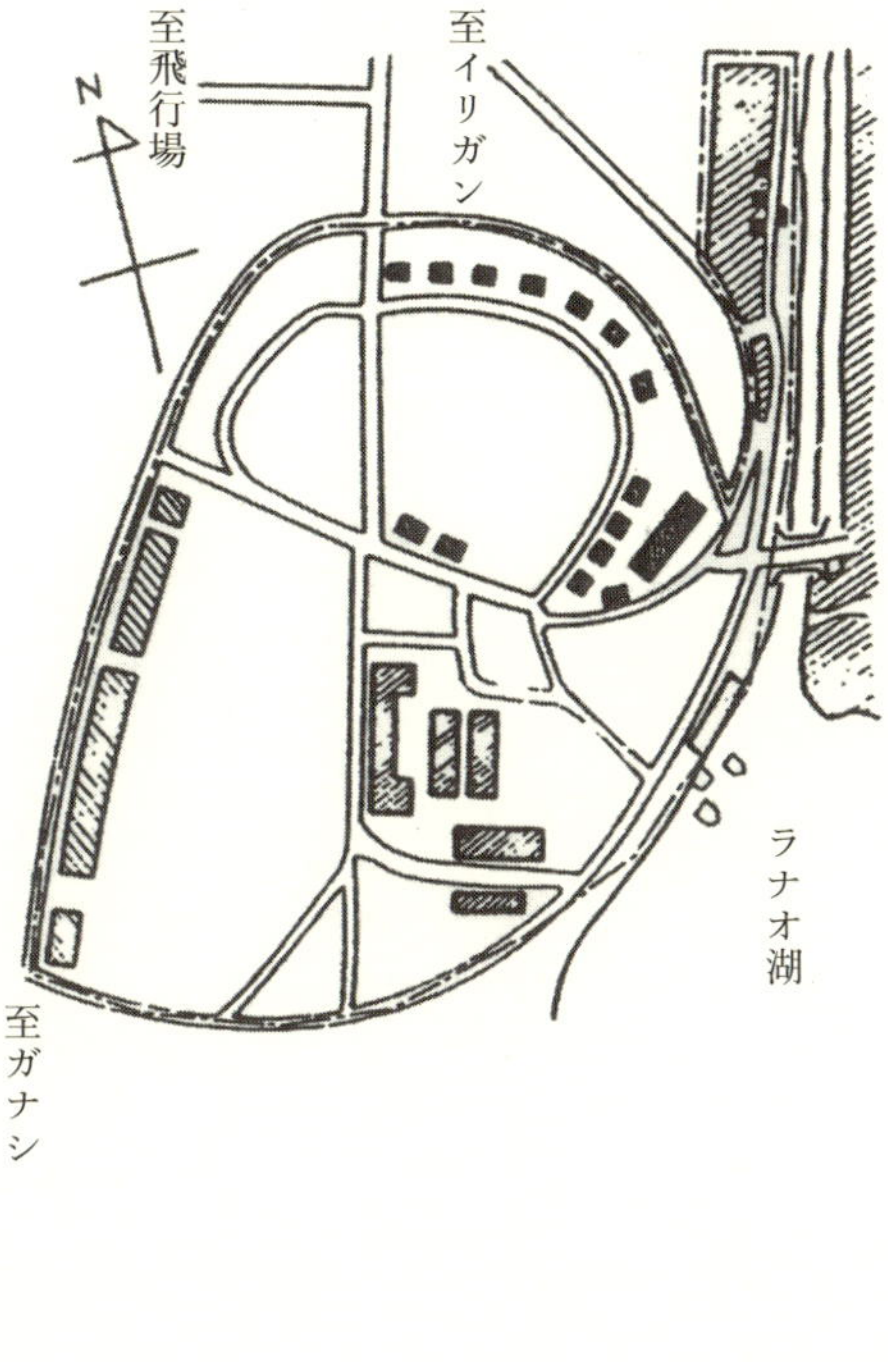

別紙第二

慰安所使用日割表	
曜日	使用部隊
月	田中大隊
火	司令部、竹下隊（内匠大隊）
水	吉岡隊、市原隊
木	田中大隊
金	司令部、竹下隊（内匠大隊）
土	
日	本部、村山隊、川村隊
備考	1、使用時間　兵は一六〇〇迄 下士官は一九〇〇迄とす

資料12　慰安婦は流言を恐れて「マニラ」に帰宅す

『昭和十七年　イロイロ憲兵分隊警務書類綴1／2』（比島防衛526）

比憲高第三八九号

昭和十七年十一月十日

治安月報（十月）

第十四軍憲兵隊

別紙其一

十月中治安概況表（軍関係）〔抄〕　　第十四軍憲兵隊本部

区分種別	日時	場所	被告（影響）	処置
流言	一〇・一二	パンパンガ州サンフェルナンド町	上記町将校倶楽部内に於て「此処は日本軍の将校ばかり来る所なり故に「ゲリラ」は一番先に此の倶楽部を襲撃す」と流言を流布し慰安婦は之を恐れて「マニラ」に帰宅す	捜査中

『昭和十七年　タクロバン憲兵分隊発来翰綴』（比島防衛574）

資料13　兵站勤務に関する規定（慰安に関する事項）

渡示達第八号

兵站《へいたん》勤務に関する規定の件達

兵站勤務に関する規定本冊の通改定す

昭和十七年十一月十七日

第十四軍司令官　田中静壱

兵站勤務に関する規定

第一章　総　則

〔一、二　略〕

第二章　兵站地勤務

三、兵站地並に兵站地勤務を担任する部隊付表第一の如し

四、兵站地勤務を担任する部隊長の兵站地勤務概ね左の如し

一　通行人馬の宿泊、給養、診療に関する事項

二　遺骨の取扱に関する事項

三　慰安に関する事項

五、兵站地の施設は既存の諸施設を利用するを本則とし兵站地勤務を担任する部隊長之を実施するものとす　但し新築改築等大なる工事を要する場合は予め軍司令官の認可を受くるものとす

六、兵站地勤務を担任する部隊長は軍の認可を受け所要の旅館又は家屋を兵站旅館に指定し其の経営を依託、解除し又所要の飲食店及慰安所を指定、解除することを得

七、兵站地勤務を担任する部隊長は状況止むを得すと認むる場合は兵站旅館に軍人軍属以外の者の宿泊を認可することを得　但し宿泊給養に要する経費は一切自弁せしむるものとす兵站旅館宿泊者にして連続宿泊二十日以上に亘る場合は軍の承認を要す

八、兵站指定旅館、飲食店又は慰安所の取締りに関しては所要の規定を定め遺憾なからしむるものとす飲食品の販売価格及慰安所の料金の公定に関しては軍の許可を要す

〔後略〕

資料14　慰安所規定（第一慰安所・亜細亜会館）

『昭和一七年　イロイロ派遣憲兵隊雑書綴』（比島防衛540）

号外

慰安所（亜細亜会館・第一慰安所）規定送付の件

軍政監部ビサヤ支部イロイロ出張所

昭和十七年十一月二十二日

イロイロ憲兵分隊御中

首題の件別紙の如く送付す　以上

慰安所規定（第一慰安所・亜細亜会館）

一、本規定は比島軍政監部ビサヤ支部イロイロ出張所管理地区内に於ける慰安所実施に関する事項を規定す

二、慰安所の監督指導は軍政監部之を管掌す

三、警備隊医官は衛生に関する監督指導を担任するものとす接客婦の検黴《けんばい》は毎週火曜日拾五時より行ふ

四、本慰安所を利用し得べきものは制服着用の軍人軍属に限る

五、慰安所経管《ママ》者は左記事項を厳守すべし

1. 家屋寝具の清潔並日光消毒

2. 洗浄消毒施設の完備

3. 「サック」使用せさる者の遊興拒止
4. 患婦接客禁止
5. 慰安婦外出を厳重取締
6. 毎日入浴の実施
7. 規定以外の遊興拒止
8. 営業者は毎日営業状態を軍政監部に報告の事

六、慰安所を利用せんとする者は左記事項を厳守すへし

1. 防諜《ママ》の絶対厳守
2. 慰安婦及楼主に対し暴行脅迫行為なき事
3. 料金は軍票として前払とす
4. 「サック」を使用し且洗浄を確実に実行し性病予防に万全を期すこと
5. 比島軍政監部ビサヤ支部イロイロ出張所長の許可なくして慰安婦の連出しは堅く禁ず

七、慰安婦散歩は毎日午前八時より午前十時までとし其の他に在りては比島軍政監部ビサヤ支部イロイロ出張所長の許可を受くべし尚散歩区域は別表一に依る

八、慰安所使用は外出許可証（亦は之に代べき証明書）携帯者に限る

九、営業時間及料金は別紙二に依る

別表一、散歩区域

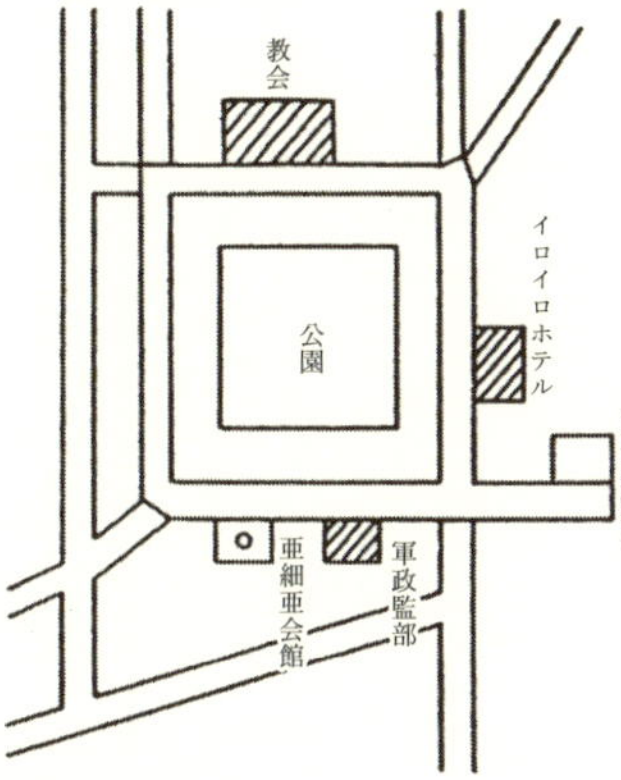

別表二

営業時間及料金表					
区分	営業時間	遊興時間	料金		備考
			第一慰安所	亜細亜会館	
兵	自　九〇〇 至一六〇〇	三〇分	一、〇〇	一、五〇	
下士官 軍属	自一六〇〇 至一九〇〇	三〇分	一、五〇	二、五〇	
見習士官 将校	自一九〇〇 至二四〇〇	一時間	三、〇〇	六、〇〇	

公園を中心とする赤区界の範囲内とす

編注　散歩区域は赤で道を区切ってあり、慰安所からの道と公園を囲む歩道の内側の区域

『昭和一七年　イロイロ派遣憲兵隊雑種綴』（比島防衛540）

資料15　パナイ島接客業組合

パナイ島

事業統制会

会長　石井礼一

会計　花枡屋好成

◎統制会下の各組合は在セブ、ビサヤ日本人会を経由して、セブ軍政監部支部長の認可を受けたる組合にあらざれば正式の組合と認めぬことゝなりたる故目下各組共認可方申請中なり〔中略〕

パナイ島接客業組合

一、軍指導監督下に置かれ軍人、軍属を主として取扱ひ、(一定時間のみ一般邦人に接客することを得)
二、一般治安行政上風紀に注意し軍政監部の施行されたる法規を厳守するものとす
三、左の事業を行ふ
㈠酒場　主任　増子喜作
㈡娯楽場　〃　宮田輿之吉
㈢理髪業　〃　親川源次
㈣映画　〃　増子喜作　助手　檀上覚夫
㈤ホテル　〃　増子喜作　助手　城間正辰
㈥慰安所　〃　増子喜作　助手　宮城定《ママ》勝
四、営業より生する凡ての収入は十日毎に事業統制会に納入す、会計の直接監督権は事業統制会にあり
五、組合員は月十五比宛を小使として事業統制会より借入れをなすことを得
六、組合員　増子喜作
〃　宮田輿之吉
〃　城間正辰
〃　檀上覚夫
〃　親川源次
〃　宮城貞《ママ》勝

〃　仲村渠錫

資料16　慰安施設に立入る場合は身分証明書を携帯する

『昭和一七・一二・二六〜一八・一二・一六　イロイロ憲兵分隊作命綴』（比島防衛519）

渡集副第七四号
兵站施設の利用者取締に関する件通牒
昭和十八年一月二十九日　渡集団参謀長
独立守備歩兵第三十七大隊長殿

首題の件に関し近時軍人軍属以外の者にして或は将校高等官に名を藉《か》り或は将校高等官（待遇扱を含む以下同じ）等の私服着用の場合の標識明確ならざるに乗じ擅《ほしいまま》に軍指定料理店食堂慰安所等に出入し遊興するものの激増の傾向にあり

其の結果営利を目的とする業者としては自ら之等の者の濫費する金力に左右せられ薄給の将校等に対する待遇極めて不良となり軍か慰安設備を設定せる趣旨に反するものあり如斯《かくのごとき》現象は陸軍として満州支那事変等後に体験せし所にして今日亦其の轍を踏まんとしつゝあるは寔《まこと》に遺憾とする所なり然りと雖《いえど》も一方内省するに軍人軍属中官人たるの高潔なる節操を金力の前に放棄し彼等の利用の具に甘んじ甚だしきは進んで彼等に軍の慰安設備利用の便を与へ酒食を共にし不知不識の間官吏服務規律にも低《ママ》触し犯罪を構成するの結果となる慮《ママ》濃厚なるものあり又一面之が為将校中下士官兵の慰安施設を利用するの結果を招来し階級観念敬礼実施に悪影響を及し軍紀を索《ママ》るの動機ともなりあり将来軍としては右の如き非違行為に対し峻烈なる取締をなす

と共に往時事変後に於ける好ましからさる現象防止の為善処すへしと雖各部隊長に於ては部下を戒飭《かいちょく》し将来は利害関係の有無に不拘らず軍人軍属以外の者の饗応に甘んじ或は之に利用さるゝか如き者を絶無ならしむる如く特に配慮せられ度尚将校高等官は制服以外にて之等慰安施設に立入る場合は全員左記身分証明書を携帯する如く定められたるに付之が実行を徹底せしめられ度依命通牒す

追而《おって》本通牒身分証明書の有無に依る取締は二月十日より施行せらるゝに付為念《ねんのため》申添ふ

左記

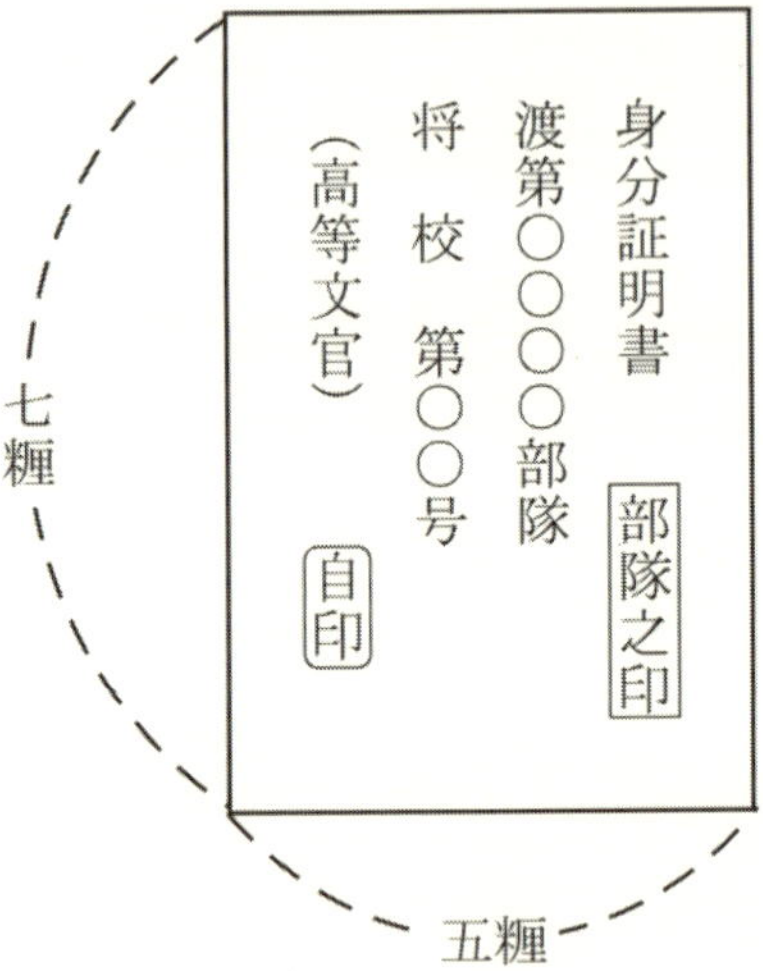

備考

一、用紙は保存に耐ゆる白紙とす

二、本証を必要とするは武官にありては大佐以下文官にありては三等以下とす

三、（高等文官）には待遇扱を含む

四、将校及（高等文官）毎に通したる一連番号を配当し交付するものとす

五、監督者　業主等より提示方を求められたるときは之に応するものとす
六、立入の際本証の提示なき者は将校（高等文官）と認めず

資料17　慰安所に軍人軍属以外のもの出入し取締困難

『昭和一七・一〇～一八・一一　左警備隊警備日報会報綴』（比島防衛476）

第一大隊本部

警備会報時に於ける注意事項

各隊移牒

一、中部呂宋《ルソン》に於ける一警備隊の善例〔略〕
二、「マニラ」に於ける軍紀風紀につきて
兵站指定旅館飲食店慰安所等に軍人軍属以外のもの出入し取締に困難を来せる状況に鑑み軍服以外のものは身分証明書を必要とす。身分証明書用紙は近く各隊に配布す。
出来得れは軍人は軍服を着用せられ度し。

〔後略〕

編注　資料17は、警備日報第四六号の後（日付はない）で、警備会報二月六日付の前に綴じられている。警備日報第四五号は一月三〇日付、第四七号は二月一五日付である。したがって本資料は一九四三年二月初めのものと推定される。

資料18　第三慰安所を開業せしむ

『昭和一八・一・一～一八・二・二八　独立守備歩兵第三十五大隊陣中日誌』（比島防衛300）

会報　二月十三日　カガヤン

一、左記の如く兵站警備隊に公用証及外出証を交付す

左記

公用証 ｛自兵警第一号 至同　第五号｝

外出証 ｛自兵警第一号 至同　第五〇号｝

二、明十四日より別紙要図の個所に下士官及兵用として第三慰安所を開業せしむ

使用時限は従前通りとし之を厳守すへし

三、明十四日以降慰安所料金を左の如く定む

左記

下士官　二円

兵　一円五〇銭　（三十分）

比島人慰安所の料金に関しては従前通りとす

別紙要図

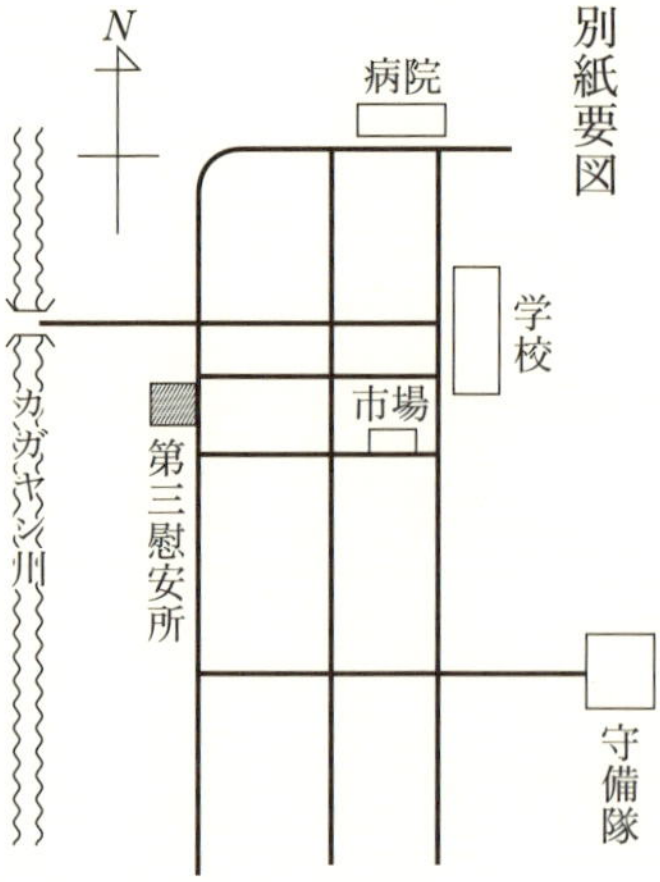

資料19　慰安所　現在一名病気にて五名なり

『昭和一七・一二～一八・四　第十一独立守備隊比島討伐に関する書類其一』（比島防衛295）

申送事項

福田部隊本部

右記事項を申送るに付参考とせられ度

一、「ビナルバガン」及「セントラル」付近警戒配備は現地に於て申送る

二、軍隊使用家屋現地に於て申送

三、保甲制度及自警団の状況

「セントラル」内及「ビナルバガン」町に於ては保甲制度を設け其内より十八才以上四〇才迄の男子を以て自警団を組織し警戒並に日本軍に協力しあり

四、通訳の状況〔略〕

五、慰安所

現在六名なるも一名病気にて五名なり　大北軍医少尉より申送りをなさしむ

六、軍政幹部「ビナルバガン」出張所の状況

藤野属以下二名

二月二十一日より「ビナルバガン」に来りて逐次準備工作中なり

七、三菱商事の状況〔略〕

八、難民救済事業〔略〕

九、土民の食糧の状況

警備隊に於て極力掩護し籾の収集に専念せしめたるも其時期遅かりし為充分ならず
現在耕作組合結成し耕作を開始せるを以て逐次食糧問題を解結《ママ》するものと判断せらる
「ビナルバガン」町及「セントラル」付近住民は約四〇〇〇人なり
一〇、電気及水道〔略〕
一一、宣撫の状況
「ビナルバガン」町住民は最近宣撫し逐次良好となり自警団も設け協力しあり　市場開設しありて其状況良好なるも油断せば便衣及密偵の潜入することあり
住民を以て敵密使の捕獲に努力せしめられ度（軍隊は申す迄もなく）
一二、「イサベラ」住民は砂糖の購入を希望しある□《不明》て十五日十五俵を運搬せるも又次便にて輸送せられ度
「イサベラ」「カバンカラン」「ラカステリアン」等土民に於ては塩　マッチ　石鹸　ローソク　煙草等不足しありて裏付物資を送付する如く取計らはれ度
農耕用種子も考慮せられ度

『昭和一八・四～一九・六　タクロバン憲兵分隊警務関係参考綴』（比島防衛572）

資料20　タクロバン町要図（慰安所あり）

昭和十八年六月二十四日

〔慰安所付近拡大図〕

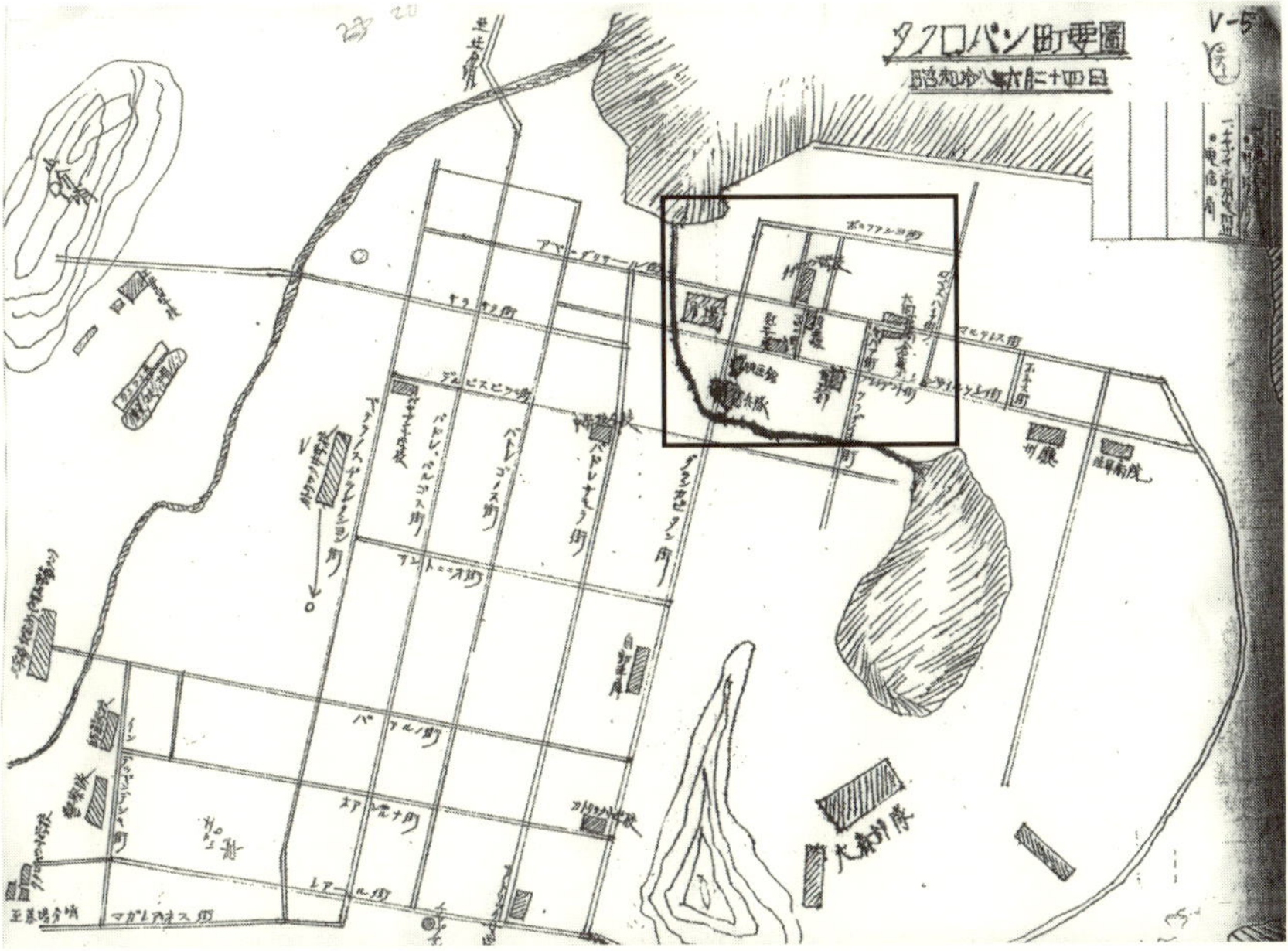

資料21　慰安婦の金銭紛失で内々裡に解決せり

『昭和十七年　タクロバン憲兵分隊雑書綴』（比島防衛578）

慰安婦一の金銭紛失に関する件報告

昭和十八年八月三日

奥田兵長

分隊長殿

首題の件状況左記報告す

左記

一、被害者住所氏名年令

本籍　アブヨグ町パアーゲ部落

比女　アメタリヤ　マルカテ　当二十六年

二、被害月日時及場所

八月二日、自一五〇〇分——至一五三〇分間

タクロバン慰安所四号室

三、被害品目

金十八円五十銭

内訳　軍票　五円三枚、一円二枚、十銭五枚、旧紙幣一円一枚

四、被害前後の状況

本名は数か日前より病気にて休業しありて当日も自室に於て休養しありたる処十五時頃、遊客多数（十二三名）ありたるを以て自室より起出て「キップ」を販売しありたる処十五時三十分頃部屋より出て来

たる兵二は婦人用香水一を所持（ズボン物入に押入れ）しありたるを以て不審を抱き返納方を依頼之を受領本名の香水と同一なるを以て、自室に帰りたる処被服棚（戸口を入り左側に位置す）の錠か外され戸か開け放されあるを以て更に不審を拘《ママ》き内部を点検するに金一八円五十銭粉《ママ》失（戸を開き直に財布の中味のみを抜出し他被服には手を付けあらす）しあるを以て監督者（平本）に屈《ママ》出たるものなり

五、監督者の処置

監督者該事件の部外に洩るを極度に恐れ直に紛失金十八円五十銭（自己所持金）を女に与へ内々裡に事を解決せり

六、其他参考事項

◎当日の客は「ドラグ」「カトバロガン」より警乗のため来町せる軍人下士官二兵約一一名にして慰安婦は何れも氏名顔等知得しあらず

◎監督者（平本）は過去に於ても女同士斯様な事ありたるを以て今回も兵隊と早断する事は出来ぬと

◎香水一は本名のに非ず、ゴニン所有のものなり

七、憲兵の処置所見

憲兵は即時同宅を監検すと共に関係者に付任意取調　犯行手口より観察するに内部の事情に長たる者との判断の下に監督者に一任円満裡に解決せり

『昭和一八・六〜一八・一二　ダグパン憲兵分隊来翰警務書類綴2／2』（比島防衛654）

資料22　兵站設備慰安所等は第二師団に於て処理する

垣作命甲第五四一号

第十六師団命令　九月十九日　一二〇〇　パシグ

師団長　大場四平

〔一～三　略〕

垣作命甲第五四一号に依る参謀長の指示

一、第二師団は十月中に逐次輸送せらるゝ予定なり

二、関係警備隊は討伐粛正を積極化し第二師団の転用に伴ふ住民の動揺匪団の跳梁《ちょうりょう》を起さざる如く着意すること

〔三～七　略〕

八、兵站設備慰安所等は第二師団に於て処理するを本則とし師団に於ては直接之を引継かさること但し必要ある場合は別個に検討すること

〔九　略〕

『昭和一九・一・二～一九・九・二五　タクロバン憲兵分隊作命綴』（比島防衛553）

資料23　巡視経路要図（慰安所あり）

垣サレ参甲第二号

師団長「レイテ」島警備地区巡視の件通牒

垣第六五五〇部隊参謀長

昭和十九年一月十日

東平憲兵隊長殿

首題の件に関し別紙の通り巡視せらるゝに付通牒す

特に経路に関しては防諜に注意され度為念《ねんのため》

通牒先〔略〕

師団長「レイテ」島巡視計画表〔略〕

巡視経路要図〔左図〕

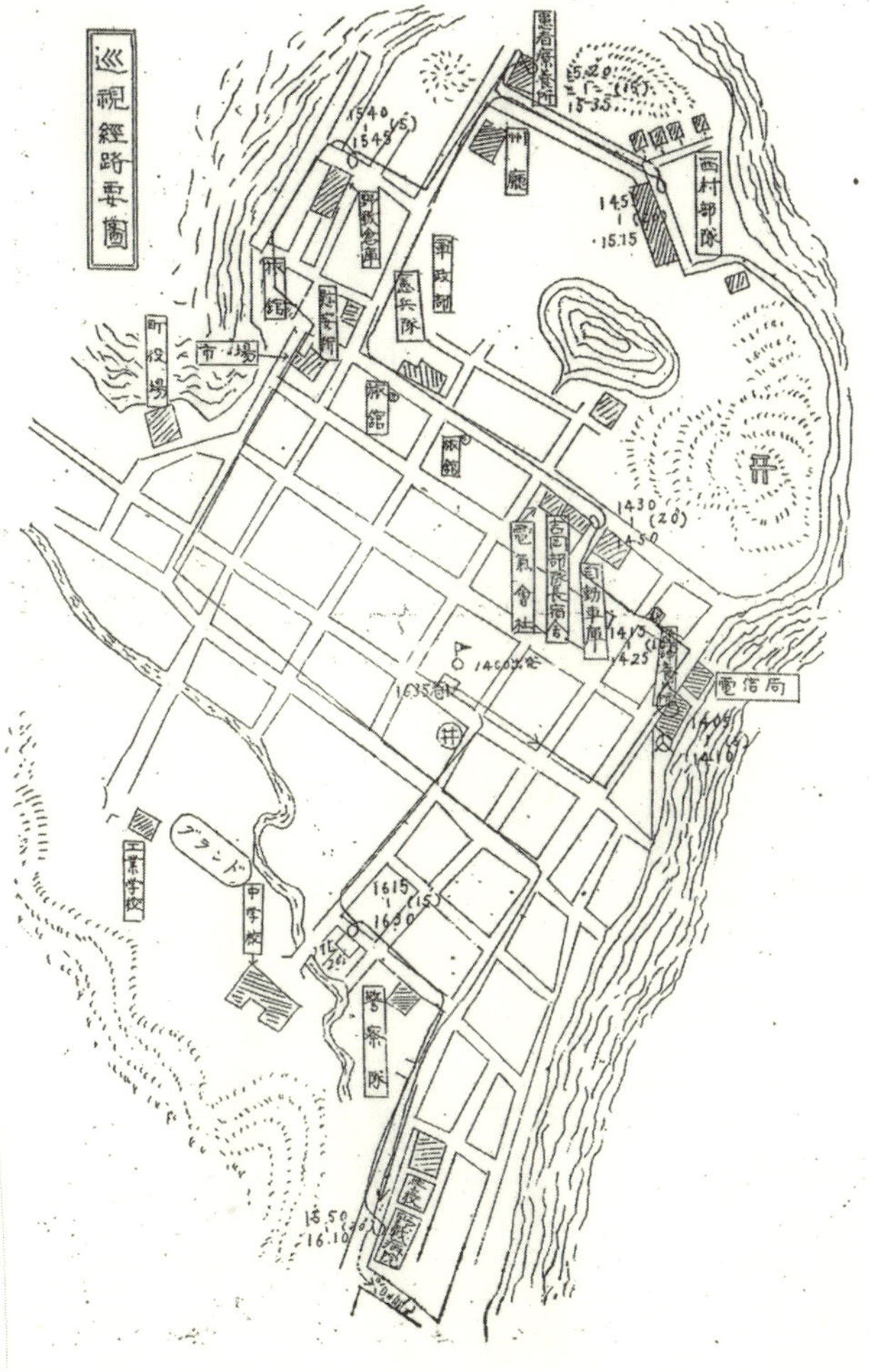

資料24　慰安所の衛生に関する指導監督

『昭和一九・一・二～一九・九・二五　タクロバン憲兵分隊作命綴』（比島防衛553）

勤作命丁第一八号

独立混成第三十三旅団命令
三月十七日一五〇〇
「タクロバン」

一、第四野戦病院長は「タクロバン」舎営地に於ける陸軍指定の飲食店、同慰安所の衛生に関する指導監督に任するの外市内一般の衛生施設に対する指導援助に任すへし

二、予は「タクロバン」に在り

独立混成第三十三旅団長　見城五八郎

資料25　日本語教師二名は慰安婦を連れ出し

『昭和十九年一・一～十九・五・三〇　バヨンボン憲兵分隊特務日誌』（比島防衛597）

バヨンボン憲兵分隊特務日誌

三月二十二日　水曜日　晴

一、内査〔略〕

二、視察

在「ヌエバビスカヤ」州担任日本語教師二名は職務を他に遊興に耽り且慰安婦を地方人宅に連れ出し地方人の嘲笑を買ひあり最近一週間に数度斯種の行為を繰返しあること判明軍紀風紀上注意を要するものと思料せらる

『昭和十九年度　歩兵第三十三連隊第三大隊報告綴』（比島防衛237）

資料26　従業員帰還に関する件

中庶第十一号

従業員帰還に関する件申請

昭和十九年五月一日

垣第六五五六部隊中岡隊長

陸軍大尉　中岡正治

渡集団司令官殿

首題の件、別紙兵站指定慰安所主 空白 外従業員八名家事都合に依り帰国の旨願出たるに付き認可相成度申請す。

別紙

氏名	年令	職名	本籍地	行先地
	三十三才	営業主		上同
	二十七才	右妻		空白の本籍地に同じ
	五才	右長男		上同
	二十一才	慰安婦		上同
	二十一才	右同		上同
	二十才	右同		上同
	二十才	右同		上同
	二十二才	右同		上同
	二十才	右同		上同

編注　一九九七年（資料26を発見当時）右の別紙には慰安所営業主、妻、長男、および「慰安婦」六人の朝鮮名及び本籍地等が記入されていたが、複写依頼後袋綴じされ閲覧できなくなる。防衛省防衛研究所図書館の見解は「個人情報保護による」であった。二年後再調査時には、袋綴じの上に右記のように氏名と本籍地を消した複写が貼られていた。

資料27　慰安休養のため保健上陸

『昭和十九年　第三船舶輸送司令部マニラ支部庶務　備砲手外出許可綴』（比島防衛421）

第三船舶輸送司令部マニラ支部庶務　備砲手外出許可綴

上陸外出許可願

暁第二九五四部隊亀本隊

上等兵　後藤勲

陸軍上等兵　野中藤一

一等兵　坪口半兵衛

目的　保健上陸

場所　マニラ市内

日時　昭和十九年　自六月十三日　〇八時三〇分

至六月十三日　十八時三〇分

右上陸外出許可せし事を証明す

船砲隊長陸軍中尉亀本秀雄　亀本

渡第二九四四部隊松山部隊長殿

願の通り許可す　第二九四四部隊松山部隊

陸軍大尉　名和光治　名和

外出許可証

官等級	氏名	備考
暁第二九	五四部隊片岡隊	
上等兵	金子留吉	
一等兵	川内丸実	
同	尾崎正雄	
計	三名	

右之者昭和十九年六月十一日　自　時　分
至一八時　〇分迄
の間慰安休養のため外出を許可す
昭和十九年六月十一日
陸軍輸送船　大祐丸船長　山田数文　(山田)
二九〇四、四、二五、五〇

編注　『昭和十九年　第三船舶輸送司令部マニラ支部庶務　備砲手外出許可綴』には一九年六月八日～六月一四日までの「上陸外出許可願」「外出許可証」が相当数綴られている。形式は統一されておらず、印刷された用紙に名前を入れるものから便箋に書かれたものまで何種類もあった。許可される隊員の名簿も少数のものから一〇人を超えるものまであった。

「保健上陸」は文字通り隊員の「慰安休養のため」になされるが、娯楽のためであり「慰安所」へ行くこともあったようである。文末尾には判で「願の通り許可す」云々のゴム印が押され、それで許可されたことになるようである。

資料28　兵の慰安機関もなく

『昭和一九・一・八～一九・九・二八　パラワン憲兵分隊資料』（比島防衛591）

パラワン憲高第五九号

「プエルトプリンセサ」駐留部隊交替状況に関する件報告

昭和十九年八月二十五日　パラワン憲兵分隊長

ビサヤ憲兵隊長殿

第一三一飛行場大隊及関係各部隊小島大尉以下六六五名は八月十八日道後丸にて「プエルトプリンセサ」に到着せり　昨年四月以降「プエルトプリンセサ」に於て飛行場設定作業に従事しありたる陸上勤務第一一一中隊及同指揮下部隊真鍋大尉以下一六九名（使用俘虜一五九名）は新に到着せる第一三一飛行場大隊と任務を引継交替し道後丸に乗船出発準備完了待期《ママ》しあり

状況左記報告す

左記

一、転入部隊の状況

(一)　転入各部隊の状況別表の如し〔略〕

(二)　軍紀風紀の状況

転入部隊の大半は満州より転進せるものにして一般に志気旺盛にて不軍紀事例を認めさるも軍人の対住民態度は稍《やや》もすれば対満気分に捉はれ其の言行等前駐留部隊と対照を異にし住民をして日本軍に二

様の軍隊かあるか如き感を与へつゝあり

㈢　主たる言動

軍紀風紀保持上特に憂慮すへき言動なきも一部に於ては現地の状況に対し悲観的言動を洩すものあり

〔中略〕

●満州に居た我々は現地の制度の厳格なるに驚歎される物資の徴発等も出来す不自由て仕方かない

（兵一の言）

●兵の慰安機関もなく住民の処にも遊ひに行けす一ヵ月や二ヵ月なら我慢も出来ようか永い間居るのてはやり切れない（兵一の言）〔後略〕

資料29 第一慰安所被服窃盗事件

『昭和十九・六・五～十九・九・三〇バヨンボン憲兵分隊ツゲガラオ憲兵分遣隊陣中日記』（比島防衛601）

自昭和十九年九月一日
至昭和十九年九月三十日
陣中日誌

第十四方面軍憲兵隊呂宋憲兵隊　ツゲガラオ憲兵分隊

九月二十六日　晴　於ツゲガラオ

〔一～二　略〕

捜査三、小沢軍曹視察中第一慰安所被服窃盗事件の報に接し捜査せるも被疑者は二十五日十七時頃自動車を止め遊興後簡単服四枚窃取し「アパリ」に向ひありて動向不明なり引続き捜査中〔後略〕

資料30　含む慰安婦二十五名

『昭和十九年　バヨンボン憲兵分隊警務関係起案綴』（比島防衛613）

㊫バヨンボン憲警第三七号

陸（海）軍軍事警察月報提出に関する件報告

昭和十九年十二月一日
バヨンボン憲兵分隊長

呂宋憲兵隊長殿

十一月中に於ける首題状況別紙の通り報告す

別紙〔略〕

別表第二〔抄〕

通過（宿泊）輸送部隊調査表　バヨンボン憲兵分隊

月日	部隊名	人員　摘要
一一・二	第一〇三師団司令部	~~六五名（含む慰安婦二十五名）~~

編注　別表全体が赤線の×で消され、赤で「不要」と記されている。また鉛筆で「保留」のメモがある。

資料31 犯罪統計一覧表

『昭和一七・三・一六～一七・三・三〇 第一野戦憲兵隊会議書類綴』（比島進攻113）

一野憲庶第四一号

事務連絡会議に出席せしめられ度件通牒

昭和十七年三月十九日

第一野戦憲兵隊長 大田清一

呂宋兵站司令官、主地兵站司令官、ダバオ軍政支部長

ナスグブ捜査第十六連隊長、カルムピット独立工兵第三中隊長

来る四月二日三日の両日に亘り隊下憲兵分隊長各兵站憲兵長其他各地派遣憲兵将校会同し首題会議開催の予定に付貴隊配属（派遣）中の左記者本会議に出席せしめられ度通牒す

左記〔以下略〕

カバナツアン憲兵分隊

昭和十七年三月

状況報告

第一野戦憲兵隊長殿

〔略〕

別表

自昭和十七年一月七日
至昭和十七年三月末日

犯罪統計一覧表〔抄〕

渡第一六〇〇部隊
囚禁場

国籍 \ 犯罪種別		強姦		強姦未遂		掠奪		〔略〕	総計	
既決・未決		既決	未決	既決	未決	既決	未決		既決	未決
日本人	軍人	二二	一三		三	一	一五		二八	三八
	軍属									一
	常人					一	九		三	一八
外国人	比島人								二三	三一
	支那人									三七
	米国人									二
小計		二二	一三		三	二	二四		五四	一二七
合計		三五		三		二六			一八一	
摘要		既決（軍人）一名は腸チブスのため死亡				既決（常人）一名は内地送還				

備考

一、総取扱件数一八一件
(1)日本人軍人六六名　軍属一名　常人二一名　(2)比島人五四名　(3)支那人三七名
(4)米国人　二名

二、現在監者総員一三九名
(1)日本人軍人六四名　軍属一名　常人一八名
(2)比人一八名　(3)支那人三六名　(4)米国人二名

資料32 軍法会議取扱人員表

『昭和一七・三・一六～一七・三・三〇 第一野戦憲兵隊会議書類綴』（比島進攻113）

第一

昭和十七年自一月至十二月

軍法会議取扱人員表〔抄〕

渡集団法務部

区分	身分	罪名	陸軍刑法 戦地強姦	陸軍刑法 戦地強姦致死	刑法 強姦	刑法 強姦未遂	備考
処刑	将校	現役					数罪を犯したるものは一の重き罪名を掲く
		召集					
	下士官	現役			一		
		召集	一		二		
	兵	現役	五		六		
		召集		一	二八	二	
	軍属	内地人					
		其の他					
	常人	日本人					
		外国人					
	計		六	一	三七	二	
〔略〕							
〔略〕	〔略〕						
未決〔抄〕	兵	現役	一				
〔略〕	計		一				
合計			七	一	三七	二	

資料33 軍法会議取扱罪数表

『昭和一七・三・一六〜一七・三・三〇 第一野戦憲兵隊会議書類綴』（比島進攻113）

第二

昭和十七年自一月至十二月　軍法会議取扱罪数表〔抄〕　渡集団法務部

区分	身分		戦地強姦	戦地強姦致死	強姦	強姦未遂
処刑	将校	現役				
		召集				
	下士官	現役			一	
		召集	一		二	
	兵	現役	五		六	
		召集		一	二八	三
	軍属	内地人				
		其の他				
	常人	日本人				
		外国人				
	計		六	一	三七	三
〔略〕						
〔略〕						
未決〔抄〕	兵	現役	一			
	〔略〕					
合計			七	一	三七	三

資料34① 強姦被告事件・投書

『昭和十七年　タクロバン憲兵分隊雑書綴』（比島防衛578）

昭和十七年十二月　強姦被告事件

投書要旨

タクロバン憲兵分隊　17年12月16日受付

本投書は「タナワン」町「カロックコッグ」部落の一住民より州知事宛に左記内容の文面なり

左記

一、「カロックコッグ」部落に駐屯する部隊の掠奪、強姦に関する件

処置

事実研明の為内査

レイテ州知事

拝啓吾々が最早此の地に居られなくなる程悩んで居る事に関し御考慮を御懇請申上げます其れは「タナワン」の日本軍特に「カロックコッグ」の駐屯部隊に凌辱されたと云ふ事です彼等の精神を正して載けば恐怖せず安心出来るでありませう無情なる行為は日日街道付近の住民に繰返されて居ります現在住民は安全を求め山に行かむとしています彼等の犯した禍《ママ》失は次の通りであります

一、彼等は鶏豚其の他を捕へ或は射殺して居ります彼等は支払はず取つて居りますし、最悪の場合にすら持主に問はず又許可を得ようとも致しません　愛玩の家畜を失つた所持主の気心も想起す可ぎ《ママ》でありませう

二、彼等は貧乏な家庭でも屋捜しを常として居ります留守宅を発見すれば彼等の奴《ママ》む物何如なる物をも取ります殊に衣類が目的です　貧乏な者が毎日働いて得た物を家庭に帰り着る物もないと発見した時は同情の外にありません　彼等は心中何を考へませうか言ふ事を知らず為す事を知らぬ様であります

三、特に罪無き者に加へられた凌辱であります　彼は地球上最も下劣な不道徳なる行為をなしたのです
例を見れば此の不愉快なる実例は「カロツコク」の日本兵によりソラノ村の二名の女が「カロックコグ」近辺の本道筋に於て行れました　夜遅く日本兵は泥酔し家から家へと女を捜して歩きました此は既に泥酔して居つたからですが制止する事が出来ませんでした　彼等が連れ出しました女は一名は二三日

後分娩する身体てあり一名は処女でありました　行動後彼等は女を宅に帰しました　彼等は済めば良いでせうが彼等により虐待された女は如何でありませう　彼等により汚された評判は取戻す事が出来るでせうか　一度失はれた処女の体面は返るでせうか　汚れなき女のみに与へられた特権は取戻す事が出来るでせうか　其の上彼女は誰からも一度辱かしめられたる者として取扱はれないてせうか　処女と汚れなき女に就いての犯行は除々《ママ》に多くなるかも知れません
無情なる支配者の下に野蛮なる行為と嫌らしさをも我慢し苦情を申されないのでせうか　其れが我々に与へられた運命でせうか　若しも彼等の約束が市民の保護てあり悪行為をも含むならば吾々は安全に生活し得るでせうか　吾々はもつと神経質になり恐怖的になる様になり終には山に安全を求め家を留守にする様になるでありませう　其れ故私は憚らず此の報告を致す次第です　住民の名により差上げます
私達は貴殿が兵隊により再び斯の如き事を犯さぬ様努力されん事をお願ひ致します　斯くすれば人民も安心し楽しき平和な住所に返り来るでありませう
最後に我々の要求を良く考慮し良く感知されて善処されむ事をお願ひ致します

敬具

悩み居る人々

昭和十七年十二月十六日

写し発送先

大隊長殿
タナワン警備隊御中

編注　この投書は英文からの翻訳である。ファイルには、この次に英文が綴じられている。

資料34② 強姦被告事件　聴取書①

『昭和十七年　タクロバン憲兵分隊雑書綴』（比島防衛578）

聴取書

ドロテヤ・レドニヤ（女）　六十五才

国籍　比律賓《フィリピン》
本籍　レイテ州タナワン町カロツコグ部落
現住所　右に同し

右者昭和十七年十二月　日現住所に於て本職に対し左の陳述を為したり

一、私の国籍、本籍現住所氏名年令は前述の通り相違ありません

二、私は現住所に五十年近く住んて居りまして日本軍か私の家の隣に十一月の初旬頃から来て橋を警戒する様になりました
日本軍は私達を保護して呉れる事を知つて居りますから恐しくはありません言葉か通しなくて兵隊さん言つたことか良く解らない時かあるので困ることとあります

三、私は只今より日本の軍人さんか婦女を強姦したと言ふ噂に就て申上けます
十二月の初め頃と思ひます　日本軍に協力している元米比軍の投降兵の名前は忘れましたか其の人から日本の軍人か強姦をせられたと言ふ女の主人か子供を抱いて其の投降兵の家に来たと言ふことを聞いて驚きまし［た］それで私は其のありさまを尋ねました

四、其有様は次の通り［で］あります
日は忘れましたか十二月の初め頃と思ひます、夜の八時頃、小川と言ふ兵隊さんと、もう一人は髭の濃

い眼鏡を掛けた兵隊さん二人は少し酔つて居られたらしいです　二人の兵隊さんはマテヤ・アゲポ（女）（十八才位）の家に行かれ乳児のあるのお家に置いてマテヤアゲポだけを橋のたもとの兵隊さんの家に連れて行かれたそうです、すると乳児は大変大きい声で泣出したのでマテオアゲポの夫のパビヤンは乳児を抱いて妻の行つたと思はれる橋のたもとの兵隊さんの家に行つて見ましたか其処には居なかつたそうです、私は多分途中でなんとかして強姦されただろうと思ひます

五、マテオ・アゲポの夫は分哨を探したけど居なかつたので帰つて見ますと家に彼の妻は居たそうです

二人の兵隊さんは多分快楽を味合はれた事と思ひます

問　他に申立つること無きや

答　お話した以外には存じて居りません

陳述人　Dorotea Redona

通事

右録取し読み聞けたる処相違なき旨申立つるに付署名出来さりしを以てサイン、サバルナをして代筆せしめ拇印せしむ

昭和十七年十二月二十九日

於レイテ州タナワン町カロツコツグ部落　ドロテヤ・レドニヤ宅

陸軍司法警察官陸軍憲兵伍長　北里　猛

『昭和十七年　タクロバン憲兵分隊雑書綴』（比島防衛578）

資料34③　強姦被告事件　聴取書②

聴取書

国籍　比律賓

本籍　レイテ州タナワン町ソラノ部落

現住所　右に同し

パビヤン・ミシヤスの妻

テモテヤ・アゲポ（女）　当二十二年

右者昭和十八年一月二日当分隊に於て本職に対し左の陳述をなしたり

一、私の国籍、本籍、住所、職業、氏名、年令は前述の通りてあります

二、私の家族は夫（労働者）パビヤン・マシヤス（二三）と長男（二）の三名て隣家には実父並弟等か住んて居ます

三、私は只今より「カロツコツグ」に駐屯している日本兵隊さんに強姦された事に就て申上けます

四、昨年十二月二日の夜七時頃私は家て夫、弟等と全部て七名と夕食中日本の兵隊さん二名来られ一名は私の家へ上つて来られ他の一名は家の外て見張りをしていた様です　家に上られた兵隊さんの顔は想ひ出しませんか体は普通より肥いて背は普通の高さと思ひました　其の兵隊さんは私の家へ上るや銃を私等の方へ向けお前等は兵隊かと問はれましたから「いゝえ」市民ですと答へましたら弟等の人数を調べてから私に向ひ「ゴゥ」（行けの意）と云つて外へ出る様に手真似をするので私は恐しいので云はれる儘外へ出て行きました　外て見張をしていた兵隊か私の右手を摑かんて県道へ連出しました　其の兵隊さんか「ダガゼヤー」（娘か其処に居るかの意）と私に問いましたのてありませんと答へました

そして兵隊さん二名と私は「タナワン」町の方へ歩かされ私の父の家の前て私は右手を摑まれた儘お父さん一寸来て呉れと云つたら父は直ぐ家から外に出て来て此の女は私の子てありますと兵隊に云いましたら父に対し「ゴウ」と家に帰る様に云いました

五、私が私の父の家の前て父を呼んで居た時　私を強姦した兵隊さんか父の隣りの家に入つて　ワニタ・ガルシヤ（二二）なる娘を連出して私と同じく「カロツコツグ」分哨の方へ歩かされました
「タシヤ」の家の前の路上て二人の兵隊さんか女を交換せんとしたらしく其の話中ワニタ・ガルシヤは逃け去りました　私は依然右手を摑まれて居たのて逃げられませんでした
六、私には夫があり乳を呑む子供か居りますと云つて帰して呉れと兵隊さんに頼みましたが手を掴んでいる兵隊さんは腰の剣を抜き、「殺しはしない」と云つていた様でした　肥つた兵隊さんが私を無理に「タシヤ」の家に連れ込みましたので声を出しましたら其の兵隊さんは私の口を塞き肩を摑んで床上に私を倒し兵隊さんは袴下を脱いて猿又とシヤツとになりました　其れから兵隊さんは私の着物を下から捲き上けて私の腹の上に登つて姦淫し様とするので私は下から兵隊さんを取除かうとしましたか兵隊さんの力に及ばす姦淫されました　一回終つたら兵隊さんは外へ出たので私は家へ逃けて帰りました　家へ帰つて私の着物を見ましたら姦淫の為に汚れて居たので着更へました
七、私は日本の兵隊さんか恐ろしいので翌三日山へ避難しました
八、ワニタ・ガルシヤも日本の兵隊さんか恐ろしいので十二月十日頃一家族全部「サマル」州パサイ町「カロアイヤン」部落に避難した様てす
問　他に申し立てる事なきや
答　ありません
陳述人　Jimotea Aguipo　拇印
通事　桂宗平
右読み聞けたる処相違なき旨申立て署名拇印せり
昭和十八年一月二日　タクロバン憲兵分隊

〔編注〕人名や地名の表記が統一されていないがそのままとした。

陸軍司法警察官　陸軍憲兵曹長　渡辺孝彦

資料35　比人女被害者の告訴に依る強姦取調

『昭和十八・一・二一〜一八・八・三　バゴロド憲兵分隊特務日誌1／2』（比島防衛662）

陣中日誌

六月二十九日　火曜日

一、書類浄書

二、比人女の告訴に依り高橋隊に連絡す

住所「バコロド」市「アセンダロルデス」　女　ヘノベパリ・ヨパール（二十八年）

右は十五時五十分当隊に来隊し次の如き状況を申出てたり

本日十一時頃　私服着用日本兵隊（小銃を袋に入れて）さん私家に這入し居住証を検査し検査後直く返還致し小短刀を以て私を恐喝し性交を強要し私に小短刀を突付け迫つて来たのである　其の要する時間真実なるは不明なるも約三十分位てあつたと思へり　詳細別紙聴取書作成報告せんとす

三、高橋隊連絡連行

前記女（比人）の訴に基き直に高橋隊に連絡したる処該当者無きか如きを申しありたるに付き（調査要領としては女の家に落し在りたる万年筆を携行して万年筆の紛失者無きかを本日該地付近検索者を通して高橋隊中島曹長に依頼し実見せしめたるも該当者無き旨申せるを以て）該地付近検索に従事したる私服勤務者を調査せるに該地付近検索者四名在りたるを以て検索当時の服装をなさしめ（金子軍曹　宇都宮上等兵

板垣一等兵　篠崎一等兵）当隊に連行し首実見《ママ》せるに　板垣一等兵なる事判明し該万年筆も板垣のものなることを自白せる以て取調を実施すること十九時より二十四時なしたるも該当時の状況を強情にし否認したり　其の取調状況後日詳細報告するものとす

六月三十日　水曜日　曇

一、取調（当直）

昨日比人女被害者の告訴に依り取調中の板垣良治に対し取調を続行したるに、三回目に成り初め真実を悟りたるか如くにして大たいを白状せるか如し其の状況別紙聴取書を調製の上報告せんとす

七月一日　木曜日　曇　小雨

一、聴取書調製第一回第二回

七月二日　金曜日　曇

一、板垣良治に関する書類整理

〔後略〕

編注　この陣中日誌に聴取書は付せられていない。

『昭和一八・六〜一八・一二　ダグパン憲兵分隊来翰警務書類綴　2／2』（比島防衛654）

資料36　処刑通報

処刑通報　第二七号

渡集団法務部

一、被告人　軍属（雇員）　当三十一年

一、罪名　用兵器上官傷害致死

一、処罰　死刑

一、犯行の概要

被告人は非常に酒が好きで呑みたくなると矢も楯も耐《ママ》らず時折不正外出も敢てして其の欲望を満す有様であつた然も酒癖か良くなく初めは酒を呑むが酔ふと酒が酒を呑むやうになつて次から次へと梯子酒をやり其の上凶暴になる即酒乱の傾があつた　自分でも此点は良く自覚していて勉めて自己を制する如く努力していたので今迄大きな事故を惹起せしめる迄に至つたことはなかつた

昭和十八年五月二十一日平常通り執務を終り宿舎に帰らうとしたがマニラの五月は暑さの絶頂であるところから冷い麦酒を一杯ひつかけたくなつた　其処で其の儘市の繁華街サンタクルース方面に出掛け兵站指定食堂二、三軒で麦酒を呑んだが何しろ月末のこととて嚢《のう》中僅かに金四円しか無かつたのと日夕点呼に遅れると五月蠅《うるさい》ので一応切上げ二十時頃宿舎に帰り点呼を受けた〔中略〕点呼後例によつて不正外出を企て同僚から金を十円借入れ他の同僚二名を誘つて二十一時過宿舎を脱出した　三人共私服で〔中略〕飲み歩いて二十四時頃M・H・デル・ピラル街の酔花園慰安所に素見に揚つた同行三人の中の一人は遊ぶと云つたが被告人といま一人は帰ると云つて其処を出た、被告人は付近に居た三輪車に乗り他の二人はカルマタに乗つた　其の儘帰る筈であつたが被告人はまつすぐパサイの方に向ひ後から来た二人は被告人の三輪車を見失ひ〔中略〕宿舎少し手前で酔花園で遊ぶと云つた男は他の一人に酔花園に忘物をしたと嘘ついて自分一人引返し同慰安所に登楼し翌朝二時頃帰舎している、一方友人二人と分れた被告人は海軍下士官慰安所海月及兵站指定浪花荘に立寄り孰《いず》れも拒られて更にパサイ方面に行き比人経営の食堂に立寄り〔中略〕車夫は居合せた邦人に被告人の住所を聞いて貰って送届けることにした其の時被告人は何故か自分の家はマビニ五三八と紙に書いて渡した、恐らく軍の宿舎に居るとは気が引けて言憎かつたのであらう、三輪車に乗つて〔中略〕車夫は三〇分余もマビニ付近を行きつ戻りつして五三八を尋ねたが出鱈目を言つたのだから見つかる筈がない〔中略〕通蒐《ママ》つた某少尉と路上で偶然出会した車夫は被告人が酔つているし行先は分らず言葉は通ぜず困つていたので日本軍の将校と見て早速自分の客は何処へ帰る人であるか尋ねて呉れと英語で頼んだ同少尉は被告人の傍へ寄ると被告人の方からマビニ五三八は何処かと聞いた、そんなところは知る筈がないので少尉は「知らぬ」と答へたところが被告人には前述の通り酒乱の癖があつてきつかけさへあれば何時爆発するかも知れない右の応答態度が被告人の癇に触つたと見へ忽ちぐつと胸に来て同少尉に喰つてかゝり二言三言口論した〔中略〕被告人は大声で少尉を罵《ののし》る中相手が左手に軍刀を持つていてひよつとしたら抜刀にされはせぬかと不安を感ずるや機先を制するに如かすと突然拳を固めて少尉の左眼部に強烈な一撃を与へ呀《あ》つとたぢろぐ少尉から軍刀を奪取し引抜くや否や滅多斬に切付けた　頭部、顔面、腕、背、脚と全身十個所に切創を負はし中でも背の傷が最も深く肋骨を切つて肺臓に達し〔中略〕以上の重症で体力が弱つた為以前から持つていた悪性マラリヤ（熱帯熱）を誘発する結果となり加へて背の傷が化膿して膿胸となつた為受傷後約一ヵ月目にマラリヤ兼膿胸で遂に死亡した

一、参考事項

〔㋑～㋥　略〕

㋭防犯所見

〔前略〕

戦陣訓に曰く

「戦陣苟《いやしく》も酒色に心奪はれ、又は欲情に駆られて本心を失ひ皇軍の威信を損じ奉公の身を過るが如きことあるべからず、深く戒慎《かいしん》し、断じて武人の清節を汚さざらんことを期すべし」又「死して罪禍の汚名を残すこと勿れ」と〔後略〕

資料37 破廉恥の犯行者を出しました

『昭和十九年度第十六師団林隊来翰綴』（比島防衛87）

連絡

垣第六五五八部隊准士官下士官団長陸軍准尉　柏葉亀蔵

昭和十八年十二月一日

各隊先任者殿

曩《さき》に団員中より犯行者を出し連隊長殿より訓示（五月二十七日）せられ団委員集合協議し誓詞及将来進むべき方針対策を連隊長殿の認可を得各隊に配布之が徹底に努力しありましたが破廉恥の犯行者を出しました之を考へて見ますに訓示訓令諸注意の徹底充分ならざるやと思はれます　特に分派遣者に対する脱漏のある様に思はれます　十一月三十日連隊長殿の許に御詫に行きました際も此の種の訓示を頂きました　先任者は訓示、訓令、諸注意を空読みすることなく熟読翫味し実行に現わす如く後輩の指導に留意し万遺漏なきを期したいと思ひます〔後略〕

資料38 強姦事件の発生を見たる

『昭和一九・六・五～一九・九・三〇バヨンボン憲兵分隊ツゲガラオ憲兵分遣隊陣中日誌』（比島防衛601）

自昭和十九年六月五日
至昭和十九年六月三十日
陣中日誌
第十四方面軍憲兵隊呂宋憲兵隊
バヨンボン憲兵分隊ツゲガラオ憲兵分遣隊

六月十日　晴　於　ツゲガラオ
動向内査一、大井川軍曹は民衆動向内査中状況左の如し
㈠皇軍の対住民態度より観たる治安は前期間中兵一の強姦事件の発生を見たるを以て住民の対皇軍観の悪化を考慮せるも軍の積極的宣撫は之か反響を未然に防止するを得たり〔後略〕

資料39　戦時強姦容疑事件の申出

『昭和一九・六・五～一九・九・三〇バヨンボン憲兵分隊ツゲガラオ憲兵分遣隊陣中日誌』（比島防衛601）

自昭和十九年七月一日
至昭和十九年七月三十一日
陣中日誌
第十四方面軍憲兵隊　呂宋憲兵隊
バヨンボン憲兵分隊ツゲガラオ憲兵分遣隊

七月一三日　於ツゲガラオ

捜　査

捜査取調二、大井川軍曹外二名は戦時強姦容疑事件の申出により「カガヤン」州「アムロン」町に出向被害者引致取調中

〔略〕

(一)日時場所

昭和十九年七月六日二十三時頃

「カガヤン」州「アムロン」町「マンセプション」部落　フスタ・ビリヤヌエバ宅

(二)被害者氏名年齢

フスタ・ビリヤヌエバ（当三十二年）

右者取調の結果曖昧なる点多く在るを以て証拠確把を期し引続き取調中

〔後略〕

〔編注〕七月一五日分の日誌が袋綴じになっている。中に「取調」の項目、および「カガヤン州アムロン町」や「被害者」などの文字が透けて見える。なお、この強姦事件の申出については後日の記述がない。

資料40　強姦事件の報に接し

『昭和一九・六・五～一九・九・三〇バヨンボン憲兵分隊ツゲガラオ憲兵分遣隊陣中日誌』（比島防衛601）

自昭和十九・八・一

至昭和十九・八・三〇

陣中日誌

第十四方面軍憲兵隊

呂宋憲兵隊ツゲガラオ憲兵分隊

八月十二日（晴）　於ツゲガラオ
調査報告一、〔略〕
捜　査二、長尾兵長外二名は強姦事件の報に接し「アルカラ」町に出向捜査せる状況左の如し八月六日二十三時頃「アルカラ」町「タンバン」部落に野菜買出に来たる下士官一は該部落に居住せる某女に対し目的達成の手段とし暴行したるも家人に騒れ目的を達せす某下士官を引続き捜査中
〔三〜四　略〕

資料41　異民族戦不軍紀事例（タクロバン）

『昭和十八年　タクロバン憲兵分隊関係資料綴1／2』（比島防衛570）

タクロバン憲高第二〇号
異民族戦軍紀風紀の取締に関する件報告
比島憲兵隊長　長浜　彰殿
昭和一七年十二月十日比憲高第四六三号に基く首題の件左記報告す
左記
一、一般状況〔略〕
二、部隊長の不軍紀粛正状況〔略〕
三、憲兵の取締状況〔略〕

自十二月十五日
至　一月十五日

異民族戦不軍紀事例〔抄〕

タクロバン憲兵分隊

非違	事例	区分	確度	反響	憲兵の処置
個人	深夜飲酒酩酊せる将校一は住民宅を慰安所と誤認し開扉を迫り番犬に吠られ抜刀、切殺す	民家訪問	甲	住民に恐怖心並顰蹙《ひんしゅく》の念を生せしめ皇軍の威信を失墜す	憲兵調査部隊長に口答通報なし軍紀の刷新を要望す
個人	部隊幹部一に於ては最近売笑婦の如き類似の婦女を蓄妾となし且通訳をして内探せしめ居る傾向ありしあり又他にも之の傾向なしとせす	蓄妾	甲	住民間に疑念を生せしめあり	部隊長に対策進言さる
個人	ビサヤ諸島軍連絡船の警乗兵一は密かに比人情婦を勤務地に同伴情欲を擅《ほしいまま》にす	不軍紀	甲	右同	憲兵発見情婦との関係を清算せし始末書を徴し厳重説諭比人女は教化の上得心の上郷里に還送す
軍隊	部隊本部将校並に下士官慰安所楼上に於て新年宴会開催の際酌婦の不足を来たし邦人経営つわもの倶楽部の給女の酒間「サービス」を強要し拒否せらる	酒間サービスの強要	甲	一部邦人間に於ては将兵の自粛自戒を要望する者ありたる	分隊長部隊会食に列席時民心把握上幹部の率先垂範を要望す

編注　資料41には日付はないが、「第一九号」は一月一九日、「第二七号」は一月二一日に発行、発行者はタクロバン憲兵分隊長代理橘川良とあり一月一九日か二〇日発行と推定される。

資料42　陸軍々人軍属非行表（五月）

『昭和一八・六〜一八・一二　ダグパン憲兵分隊来翰警務書類綴2／2』（比島防衛654）

比憲警第一〇一号

陸軍軍事警察月報提出に関する件報告「通牒」

昭和十八年六月十三日

第十四軍憲兵隊長　長浜　彰

昭和十八年五月中に於ける首題状況別紙の通り報告「通牒」す

（了）

軍事警察月報（五月）

第十四軍憲兵隊

〔略〕

陸軍々人軍属非行表〔抄〕（五月中）

第十四軍憲兵隊

所管所属	役種官等級人員	非行月日	非行の概要	憲兵の処置
第四碇泊場セブー支部	軍属一	五・二	外出中飲酒酩酊の上比人宅に至り比人を殴打し婦女に戯る	口頭非違通報
歩兵第四連隊（在ダバオ）	予上兵一	五・二	上等兵二は軍慰安所に於て喧嘩口論の上互に軽微なる傷害を与ふ尚同隊軍曹は現場に在り乍ら之を傍観処置を講せす	非違通報
歩兵第四十二連隊（在ダバオ）	現上兵一 現軍曹一			
独歩第三十九大隊	予一兵一	五・七	外出中飲食店に於て飲酒酩酊し女給の「サービス」悪しと称し皿及「コップ」を投擲《とうてき》し更に抜剣暴行す	非違通報
独自第六十二大隊 独工第十五連隊	予一兵一 予上兵一	五・一七	外出中飲酒酩酊慰安所に至り些細の事より口論格闘す	届出に依り取押へ非違通報
独歩第三十七大隊	現兵長一	自二月上旬 至五月上旬	三十数回に亘り夜間所属隊を脱柵慰安所に登楼宿泊し且此の間数回准尉或は曹長の階級章を僭用す	非違通報（重営倉五日）
歩兵第百二十二連隊	予軍曹一	自三・五 至四・六	臨時外出規定時限に帰隊せす比人家屋に宿泊比女と関係翌朝帰隊す	非違通報（重謹慎十日）

歩兵第百二十二連隊	現上兵一	自四・二三 至四・二七	警備勤務中飲酒酩酊の上民家に立入り食器類を破損並に比女を殴打す	非違通報
第六十五旅団工兵隊	予軍曹一	四・三〇	無断外出し翌日十三時頃迄軍慰安所に於て遊興帰隊せす	非違通報（重謹慎五日）
勇兵団 野砲兵第二連隊	予上兵二	五・一一	公用外出中飲酒酩酊し更に慰安所に至りて遊興す	非違通報
勇兵団 第二師団司令部	予一兵一 補上兵一	五・三一	部隊追及中携行梱包六箇を無断駅長室に放置し飲食店を転々飲み歩き更に映画館及慰安所に於て遊興す	

別表第四

陸軍々人軍属逃亡離隊原因表〔抄〕（五月中）　第十四軍憲兵隊

種別	所管所属	役種官等級人員	逃亡離隊月日	原因動機	憲兵の処置
逃亡	比島軍政監部電政局	軍属（判任三等）一	三・七	転属を命せらるゝや比人慰安婦を伴ひ旅行遊興せんことを企て無断勤務地を離る	三月十五日逮捕 五月十日捜査報告

資料43　異民族戦不軍紀事例（六月・パラワン）

『昭和一八・一一・二〜一八・一一・二七　パラワン憲兵分隊警務書類』（比島防衛587）

パラワン憲高第八三号　　昭和一八・六・二五　パラワン憲兵分隊

異民族戦軍紀風紀取締月報（六月）

一、首題の件別表の通り〔二　略〕

自六月一日
至六月二十五日　**異民族戦不軍紀事例**〔抄〕　パラワン憲兵分隊

区分	事例	区分	確度	反響	憲兵の処置
非違 個人	将校一衛生部見習士官一、軍嘱託（高等官扱）一、はプエルトプリンセサ駐留部隊先任指揮官の禁令を犯し 1、六月五日二〇・〇〇よりイワヒグ刑務開拓農園に至りダンス場に立入り酒食の饗応を受く 2、尚土民住宅立入禁止に反し職務外に比人住宅に立入る	饗応を受け軍の威信を失墜す	甲	軍紀の厳正を以て民心を把握しありたる当地方官民をして日本軍組（ママ）し易しとの感を与へたり	一、プエルトプリンセサ先任指揮官に事実を速報　同官の指導矯正に協力しあり 二、其の後如斯行為を中止し真面目に服務しつゝあり

非違　個人

兵長一は週番勤務中六月一日兵舎往復の途中土民の空家に立入り比女と共にピアノを弾奏す	勤務中比女と戯る	甲	右同	一、プエルトプリンセサ先任指揮官に協力指導に任しあり 二、本件行為者は憲兵取調の上説諭すると共に非違通報（六月六日当憲警第三四号の通り）
兵長一は自己勤務の無線送信所に比女の出入を許し四月下旬より六月上旬迄の間数回の情交関係を結ひ居たり	比女を兵舎に出入せしむ	甲	右同	

資料44　異民族戦不軍紀事例―将校は娘の「サービス」を要求す

『昭和一八・四～一九・六　タクロバン憲兵分隊警務関係参考綴』（比島防衛572）

タクロバン憲警第〇〇号　陸（海）軍々事警察月報目録（六月）

タクロバン憲兵分隊長

〔中略〕

異民族戦不軍紀事例表〔抄〕　タクロバン憲兵分隊

	事例	区分	反響	憲兵の処置
非違　個人	部隊将校一は夜間外出中民家に浸入し家族に拳銃を凝し娘の「サービス」を要求す	脅迫	家族は極度に恐怖心を抱きありたるも特殊反響を認めす	非違通報（口頭）爾後の監督指導を要望す

資料45 陸軍々人軍属非行表（六月）

『昭和一八・六〜一八・一二　ダグパン憲兵分隊来翰警務書類綴2／2』（比島防衛654）

比憲警第一一八号

第十四軍憲兵隊長　長浜　彰

昭和十八年七月十二日

陸軍軍警察月報提出に関する件報告「通牒」

昭和十八年六月中に於ける首題状況別冊の通り報告「通牒」す（了）

第十四軍憲兵隊

軍事警察月報（六月）〔略〕

別表第二

陸軍々人軍属非行表〔抄〕（六月中）　第十四軍憲兵隊

所管所属	役種官等級人員	非行月日	非行の概要	憲兵の処置
第二十二野戦気象隊	予兵長一	自四・九 至六・一	自己の居室内に比女を誘致し前後六回に亘り同所に於て情交を結ふ	非違通報
独歩第三十六大隊	予上兵一	六・一三	戦友より私娼に於ける遊興状況を聞知するや情欲に駆られて脱柵したるも地理不案内のため目的を達せす町内を徘徊す	口頭非違通報（重営倉一日）
独歩第六十二大隊	予曹長一	六・一六	無断外出し慰安所に至り遊興す	非違通報

独工第十五連隊	予獣医務軍曹一	六・一九	二十四時迄允許《いんきょ》外出し時限内に帰営せず無断比人情婦宅に宿泊す	非違通報（重謹慎四日）
第十四軍拘禁所	軍属（看守）一	六・二四	飲酒酩酊慰安所に至り陸軍少佐なりと詐称「ガラス」窓其他を破損暴れ廻る	非違通報
歩兵第百四十二連隊	予軍曹一	六・二四	公用出張中飲酒酩酊慰安所に於て喧噪態度を紊す	非違通報

資料46　陸軍々人軍属非行表（七月）

『昭和一八・六〜一八・一二　ダグパン憲兵分隊来翰警務書類綴2／2』（比島防衛654）

比憲警第一三五号

陸軍軍事警察月報提出に関する件「通牒」

昭和十八年八月十四日

第十四軍憲兵隊長

昭和十八年七月中に於ける首題状況別冊の通り報告「通牒」す（了）

別冊　陸軍軍事警察月報（七月）

第十四軍憲兵隊

〔略〕

別表第二

陸軍々人軍属非行表〔抄〕（七月中）

第十四軍憲兵隊

所管所属	役種官等級人員	非行月日	非行の概要	憲兵の処置
歩兵第二十連隊第七中隊	予軍曹一	七・二	夜間臨時外出し陸軍倶楽部に於て飲酒泥酔し抜剣暴行す	非違通報
第十独立守備隊第三一四大隊	予上兵一	七・二六	深夜無帽無帯剣且階級章を付せす脱柵外出し下士官なりと詐称し慰安所に於て遊興す	非違通報
第四船舶輸送司令部レガスピー出張所	軍属（船員）一	七・二九	飲酒酩酊無断上陸し私娼を求めて徘徊中自警団員に尋問せらるゝや之を殴打暴行す	非違通報
独立歩兵第六十二大隊	予上兵一	七・二九	飲酒酩酊の上比女宅に侵入情交を迫りたるも拒絶せらるゝや該比女を殴打抜剣威嚇す	非違通報（口頭）

資料47　陸軍々人軍属非行表（八月）

『昭和一八・六～一八・一二　ダグパン憲兵分隊来翰警務書類綴2／2』（比島防衛654）

比憲警第一四九号

陸軍軍事警察月報提出に関する件報告「通牒」

昭和十八年九月十四日　第十四軍憲兵隊長

昭和十八年八月中に於ける首題状況別冊の通り報告「通牒」す〔了〕

別冊　陸軍軍事警察月報（八月）〔略〕

別紙第二

陸軍々人軍属非行表〔抄〕（八月中）　第十四軍憲兵隊

所管所属	役種官等級人員	非行月日	非行の概要	憲兵の処置
独守歩第六十二大隊	補兵長一	七・三〇及八・一四	飲酒泥酔の上比女に「ダンス」を強要し、或は戯れ比女之に応せさるの故を以て殴打す	非違通報（重営倉三日）
歩兵第四十一連隊残留隊	現軍曹一 現上兵一	八・一七	夜間無許可にて自隊乗用自動車を運転し慰安所に至りて私用を弁す	非違通報

資料48　陸軍々人軍属非行表（九月）

『昭和一八・六〜一八・一二　ダグパン憲兵分隊来翰警務書類綴2／2』（比島防衛654）

比憲警第一六一号

陸軍軍事警察月報提出に関する件報告「通牒」

昭和十八年十月十六日　　第十四軍憲兵隊長

昭和十八年九月中に於ける首題状況別冊の通り報告「通牒」す（了）

別冊　陸軍軍事警察月報（九月）〔略〕　　第十四軍憲兵隊

別紙第二

陸軍々人軍属非行表〔抄〕（九月中）　　第十四軍憲兵隊

所管所属	役種官等級人員	非行月日	非行の概要	憲兵の処置
歩兵第百四十二連隊	予兵長一 補一兵一	九・一六	無帽無帯剣の儘脱柵し飲酒酩酊の上私娼に立入り遊興す	口頭 非違通報
電信第二連隊	軍属（判任三等） 一	九・一七	飲酒酩酊の上慰安所に至り些細の事に立腹し比人慰安婦の顔面を数回殴打し更に軍刀の鞘を以て顔面及腰部を殴打す	保護留置 非違通報

歩兵第九連隊	予兵長一	九・一九	巡察勤務に服務中住民家屋を私娼窟と速断し屋内に立入り同家婦女に卑猥なる言動を弄す	口頭 非違通報
軍政監部北部呂宋支部	軍属一	九・二三	飲酒泥酔の上慰安所に至り慰安婦と口論之を殴打し楼主に制止せらるゝや更に喧噪す	非違通報

資料49 陸軍々人軍属非行表（一〇月）

『昭和一八・六～一八・一二　ダグパン憲兵分隊来翰警務書類綴2／2』（比島防衛654）

比憲警第一七三号

陸軍軍事警察月報提出に関する件報告「通牒」

昭和十八年十一月十四日

第十四軍憲兵隊長

昭和十八年十月中に於ける首題状況別冊の通り報告「通牒」す（了）

別冊　陸軍軍事警察月報（十月）

第十四軍憲兵隊

〔略〕

別表第二

陸軍々人軍属非行表〔抄〕（十月中）

第十四軍憲兵隊

所管所属	役種官等級人員	非行月日	非行の概要	憲兵の処置
独守歩第三十三大隊	予上兵一	一〇・二	外出時限経過したるも帰隊することなく更に飲酒酩酊の上慰安所に登楼せんとす	非違通報
歩兵第九連隊	現上兵一	一〇・一二	公用外出中公用腕章を脱し慰安所に至り遊興す	口頭非違通報
南方航空比島支部	軍属（准尉扱）一	一〇・一七	台湾人女給を情婦として関係中同女より別れ話を持掛けらるるや激怒し之を殴打し更に翌日同女を訪れ殴打暴行す	説諭（処置を部隊に一任す）

資料50　異民族戦軍紀風紀取締状況表―捕縛し民家に連行強姦す

『昭和十八年～十九年　バヨンボン憲兵分隊特務日誌』（比島防衛596）

バヨンボン憲高第　号

治安月報（五月）提出に干する件報告

昭和一九年六月一日　バヨンボン憲兵隊長

第十四軍憲兵隊司令官殿

首題の件別冊の通り提出す（了）

一、総合判決

〔前略〕本期間中兵「一」の強姦事件発生したるは遺憾なり、憲兵は部隊長と密絡絶無を期しつゝあり

〔中略〕

二、一般状況〔(1)〜(5)略〕

(6)皇軍の対住民態度より観たる治安観察

軍人軍属の対住民態度は全般には漸く小康を得あるも本期間中兵の強姦事件一件あり軍人の威信を失墜したるは遺憾とする処なり憲兵は部隊長と密接なる連繋の下再発の絶無を期しつゝあり　状況別紙第七の通り〔後略〕

別紙第七

異民族戦軍紀風紀取締状況表〔抄〕　バヨンボン憲兵隊

非別	区分	事例	区分	確度	反響	憲兵処置
犯罪	個人	在カガヤン州警備兵「一」は糧秣収買に外出中挙動不審なりとして捕縛更に民家に連行以て暴行の上強姦す	強姦	甲	一部住民の怨嗟《えんさ》を買ひ軍人の威信を失墜す	部隊長の委嘱により憲兵捜査中

資料51　異民族戦軍紀風紀取締状況表―戦地強姦をなしたり

『昭和十八年　バヨンボン憲兵分隊特務日誌』（比島防衛596）

昭和十九年七月三日
バヨンボン憲兵隊長

バヨンボン憲高第　号
治安月報（六月）提出に干する件報告

呂宋憲兵隊長
首題の件別冊の通り提出したるに付報告す（了）
一、総合判決〔略〕
二、一般状況〔(1)～(4)　略〕
(5)皇軍の対住民態度より観たる治安観察
部隊の駐留固定化と防衛諸隊の増強等あり民衆は親軍の意識を昂揚し来れるも本期間中兵一の比女に対する戦地強姦一件（捜査報告五月）ありたるは遺憾なり斯種状況は一層の指導を要す〔中略〕
状況別紙第八通り
〔後略〕

別紙第八〔抄〕

異民族戦軍紀風紀取締表〔抄〕

非別	区分	事例	区分	確度	反響	憲兵の処置
犯罪	個人	在「ツゲガラオ」分屯隊兵「一」は戦地強姦をなしたり（バヨンボン憲高第　号既報）	強姦	甲	反響終息せり	渡集団司令宛に捜査報告

〔編注〕鉛筆書きで修正が見られる。別紙第八の裏には、別紙第一〇「日比親善事例（六月）」の記録があり、一九四四年七月一五日バヨンボン憲兵隊長発出「仮釈放中の敵国人収容其後の動静等に干する件報告通牒」の後に綴じられている。なお別紙第八は、前段治安月報文章とは別に綴じられていたが内容から見て一連の報告と推定される。

『昭和十九年　ビサヤ憲兵隊治安情報綴　2／2』（比島防衛643）

資料52　陸軍々人軍属非行表―劣情を生じ姦淫せんと暴行

カタバロガン憲高第二八号

憲兵月報提出に関する件報告「通牒」

昭和十九年九月三日

カタバロガン憲兵分隊長

タクロバン憲兵分隊長殿

首題の件八月中の状況左記報告「通牒」す

左記

第一　保安に関する事項〔略〕

第二　軍事警察に関する事項

一、一般状況〔略〕

二、軍人軍属の犯罪非行逃亡離隊変死善行等

1.　非行

本期間中軍人軍属の非違行為六件あり発生行為の原因を観するに移動に伴ふ幹部監督の不行届及駐留長期に亘ると特に慰安設備の皆無に基因する処大なるものありと思料せらる

非行概要別紙の如し

〔後略〕

陸軍軍人軍属非行表〔抄〕（八月）

カタバロガン憲兵隊

所属	役種官等級人	非行月日	非行の概要	処置及処分結果
威第六五五四部隊第二機関銃中隊	現役 陸軍上等兵一	七月二十一日	上記上等兵は炊事当番として服務しありたるものなるか当日物資購入の為「カタバロガン」町郊外二粁地点に赴き帰途比女を発見するや劣情を生じ姦淫せんと暴行せるも該女の抵抗により未遂に終りたり	分隊に連行取調厳重説諭部隊に非違通報部隊に於ては重営倉五日間の懲罰に処す

資料53 陸軍々人軍属非行表―飲酒酩酊の上抜剣、暴行する

『昭和十九年　バヨンボン憲兵分隊警務関係起案綴』（比島防衛613）

憲兵月報案（警務関係）

軍事警察に関する事項

一、一般状況

〔(1) 略〕

(2) 〔前略〕外出先に於て飲酒酩酊の上理性を失し抜剣、暴行する等住民に恐怖心を与へたる軍人の威信を失遂《ママ》せしもの一名あり〔後略〕

二、軍人軍属の犯罪、非行、逃亡、離隊、変死、善行等

（イ）犯罪なし

（ロ）非行一件（別表第一の如し）

〔中略〕

別表第一

陸軍軍人軍属非行表〔抄〕（十月）

バヨンボン憲兵分隊

所管所属	役種官等級人員	非行月日	非行の概要	処置及処分結果
駿一〇六四三部隊松本隊	予陸上一	一〇・一六	外出先に於て飲酒酩酊の上慰安所に赴き登楼す可く某女の部屋に入らんとせる際慰安婦之を嫌忌し逃避せるため極度に女のサービスが悪いと激昂の余り抜剣し室内を喧操乱暴の上当該女の衣類、其他金品等を散乱し依つて軍人としての体面を汚す	厳重説諭の上非違通報（口頭）

〔編注〕別表第一の上部に(案)と朱書きされている。
原文は鉛筆書きの上から赤ペンが入れられ修正されている（―で引かれているところ）

資料54　陸軍々人軍属非行表―慰安所に出入り中性病に感染

『昭和十九年　バヨンボン憲兵分隊警務関係起案綴』（比島防衛613）

㊎　バヨンボン憲警第三七号
陸（海）軍軍事警察月報提出に関する件報告
昭和十九年十二月一日
バヨンボン憲兵分隊長

呂宋憲兵隊長殿
十一月中に於ける首題状況別紙の通り報告す

別紙
◎陸軍
一、一般状況〔略〕
二、軍人軍属の犯罪、非行、逃亡、離隊、変死、善行等
（イ）犯罪なし
（ロ）非行二件二名（別紙第一の如し）〔後略〕
〔三～七　略〕
◎海軍
各種該当事項なし（了）

別表第一

陸軍軍人軍属非行表〔抄〕（十一月）　バヨンボン憲兵分隊

所管所属	役種官等級人員	非行月日	非行の概要	処置及び処分結果
威第八八五七部隊草崎隊（自動車隊）	現陸兵一	自一〇・一四 至一一・一三	上記期間兵站宿舎に一時駐留中十数回に亘り無断外出し慰安所に出入中性病に感染秘かに之を治療受く可く所在部隊の管理に係る師団倉庫より注射液を窃取したる外自己の携行私物品を高価にて売却遊興費に充当しありたり	取調べの結果事件軽微なるに鑑み部隊側に移牒す所属長に口頭非違通報

資料55　ボルネオ行「慰安土人」五〇名・「慰安婦」二〇名増派諒承相成度

『昭和十七年第二十二号　2／3　陸亜密大日記』（陸軍省陸亜密大日記　S17-58〔170〕）

陸亜密受第二二五九号

南方派遣渡航者に関する件

副官より台湾軍参謀長宛

返電案（暗号）

陸亜密電

三月十二日付台電第六〇二号の件認可せらる依命

陸亜密電一八八　昭和拾七年参月拾六日

秘　電報訳　三月一二日　一九時三〇分発

二二時四〇分着

大臣　宛　発信者　台湾軍司令官

台電　第六〇二号

陸密電第六三号に関し「ボルネオ」行き慰安土人五〇名為し得る限り派遣方南方総軍より要求せるを以て陸密電第六二三号に基き憲兵調査選定せる左記経営者三名渡航認可あり度申請す

左記

愛媛県越智郡〔波方村一二三六〕　台北州基隆市日新町二の六〔村瀬近市〕　四十二歳

朝鮮全羅南道済州島〔輪林面挾才里十〕台北州基隆市義重町四の一五〔豊川晃吉〕三十五歳

高知県長岡郡〔介良村三七〇〕　高雄州潮州郡潮州街二六七〔浜田ウノ〕　五十一歳

終

秘　電報訳　六月一三日　一一時一五分発

副官　宛　発信者　台湾軍参謀長

台電　第九三五号

本年三月台電第六〇二号申請　陸亜密電第一八八号認可に依る「ボルネオ」に派遣せる特種《ママ》慰安婦五十名に関する現地著《ママ》後の実況人員不足し稼業に堪へざる者等を生ずる為尚二十名増加の要ありとし左記引率岡部隊発給の呼寄認可証を携行帰台せり事実止むを得ざるものと認めらるるに付慰安婦二十名増派諒承相成度尚将来此の種少数の補充交代増員等必要を生ずる場合には右の如く適宜処理し度予め諒承あり度

終秘

左記

基隆市日新町二の六〔村瀬近市〕

編注　慰安所経営者の本籍、氏名（〔　〕部分）については、以前はそのまま記載されていたが現在は墨塗りしてある。

資料56① 慰安場を開設せらるゝに付

『昭和一七年　野戦高射砲第四十五大隊第一中隊陣中日誌』（比島防衛321）

自昭和十七年四月一日
至昭和十七年四月三十日
陣中日誌　第十一号

四月三日　金曜日　天候　晴
〔前略〕

会報　四月三日　一六〇〇　於スラバヤ市

㈠　左記曜日二度外出を許可せられたるに付各隊は二分の一の割を以て外出を許可せられ度し

左記

一、月曜日　金曜日

二、外出区域
概ねスラバヤ市内とし海軍地区に立入らざること

三、外出時限

兵　　九時より　一八時迄
下士官　九時より　二一時迄
四、服装
徒手、帯剣、巻脚絆、水筒を携行、電車、馬車の使用を許可するも正当の代金を支払ふ事
五、外出時に於て物品を勉めて購入せざること
軍に於て近く酒保を開設し物品を廉価にて販売するを準備中

㈡
明日より慰安場《ママ》を開設せらるゝに付左記の通り心得へられ度し
左記
一、場所　南兵営歩兵第四十七連隊東側
二、価格　将校　一時間　二円
下士官　同　一円五十銭
兵　同　一円
代価は絶対に厳守せられ度し
三、慰安公娼総計目下四〇名を左記布片を以て衛生状態を区分す
白　許可済なるも衛生具使用のこと
桃　要注意
赤　不許可　有毒患者
四、方法　入口左側事務所にて代金を支払ひ切符を受取り集合所にて女に其の切符を渡す
五、注意　入口以外より入り勝手に遊ばざること
言語等不可解のため暴行せざること
六、慰安場使用時間

〔後略〕

兵　自九時　至一六時　下士官　一六〇〇　二一〇〇

編注　「野戦高射砲第四十五大隊」は一九四二年一月にフィリピン「マンブラオ」に侵攻、同年三月にはインドネシア「スラバヤ」に転進するが、この陣中日誌は「比島防衛」に分類されている。同隊は「スラバヤ」への転進後わずか一か月で慰安所を開設し管理している状況がよくわかるので収録した（以下資料56②〜⑥も同様）

資料56② 指定慰安所以外絶対立入を禁止す

『昭和十七年　野戦高射砲第四十五大隊第一中隊陣中日誌』（比島防衛321）

自昭和十七年四月一日
至昭和十七年四月三十日
　陣中日誌　第十一号

四月十八日　土曜日

〔前略〕

　会報　　四・一八・一六〇〇　於　スラバヤ市

一、天皇の御称呼に関し左記の通り通牒ありたるに付き各隊は一般民衆指導に関し留意され度し

　左記

天皇御称呼に関する件通牒

主題の件に関しては各外国語を其のまゝ使用しある向有るも爾今《じこん》軍占領地内に於てはすべて天皇陛下御

称呼のみとし一切外国語使用を禁止せられたるに付命に依り通牒す
〔二　略〕
三、外出先に於ては兵団指定食堂指定映画館指定慰安所以外絶体立入を禁止す
明十九日より是が取締の為特に巡察行はるゝに付各隊は充分注意され度し
人員　中隊長以下　百八名

資料56③ 掠奪強姦をなす者増加せり

『昭和十七年　野戦高射砲第四十五大隊第一中隊陣中日誌』（比島防衛321）

自昭和十七年五月三日
至昭和十七年五月十六日
陣中日誌　第十二号の一
五月九日　土曜日　天候　晴
〔前略〕
会報　五月九日　一六〇〇　於て　スラバヤ市
一、左記の通り参謀長より厳に注意ありたるに付き更に留意あり度し
左記
一、近時蘭人、支那人、家屋に侵入し掠奪強姦をなす者増加せり
二、飲食店等に於て抜刀し暴行を働く者あり　右は皇軍の威信を傷けるもの甚だし
爾来再三注意にかゝわらず未だ其の跡を絶たざるは遺憾の極みなり

爾今此れが絶滅する如く指導せられたし
〔後略〕

資料56④　休養中の朝鮮慰安婦を無断連出すものあり

『昭和十七年　野戦高射砲第四十五大隊第一中隊陣中日誌』（比島防衛321）

自昭和十七年五月三日
至昭和十七年五月十六日
陣中日誌　第十二号の一
五月十三日　水曜日　天候　晴時々雨
〔前略〕
会報　五月十三日　一六〇〇　於　スラバヤ市
一、左記の通り　48D参謀長より注意ありたるに付爾今かゝる注意を再び受けざる様指導相成度し
左記
一、一般民家に尚立入物品等無断持出し且つ乱暴を働く等の不徳義を犯すものあるは甚だ遺憾なり特に兵団指定食堂の近隣に此の種事故頻発する趣に付き厳に注意され度し
二、目下兵站宿泊所休養中の朝鮮慰安婦を無断連出すものありとの注意ありたるに付為念会報す
〔後略〕

資料56⑤ 慰安所の有毒婦を収容

『昭和十七年　野戦高射砲第四十五大隊第一中隊陣中日誌』（比島防衛321）

自昭和十七年五月三日
至昭和十七年五月十六日
　陣中日誌　第十二号の一
五月十四日　木曜日　天候　晴時々雨
〔前略〕
会報受領　左記会報を受領す
　　左記
　会報　　　　　　　　　　五月十四日　一六〇〇　於　スラバヤ市
〔一～三　略〕
四、五月十四日十五日両日南慰安所は閉鎖されるに付立入らざる様注意せられたし
五、南北両慰安所の有毒婦を上野駅南地区に収容せられたるに付絶対立入らざる様注意されたし
人員　井上少尉以下　五十二名

資料56⑥ 日本慰安婦営業を開始す

『昭和十七年　野戦高射砲第四十五大隊第一中隊陣中日誌』（比島防衛321）

自昭和十七年五月一日
至昭和十七年五月二十日
陣中日誌　第十二号の一
五月十六日　土曜日
〔前略〕
会報　五月十六日　一六〇〇　スラバヤ市
一、本十六日一四〇〇より左記に依り日本慰安婦営業を開始す
左記
南慰安所　明月組　十三名
第二将校倶楽部　曙組　十名
値段　兵　一時間　二円
他は従前通り
二、第二将校倶楽部に於ては爾今サービス料を玉代の半分とす
日本人　三〇分　一円
現住民　三〇分　五〇銭
ビールは一本四十五銭に値上さる
三、慰安所に於て経営者の規定通りに料金を支払はざる者あり今後違反者は処罰せらるゝに付注意ありたし
四、別紙禁止区域（有毒慰安婦隔離区域）に立入りを厳禁せるが市内巡察は右区域を巡察せられ度し
〔後略〕

資料57 昭南駅コウシヤ要員として招致

『陸亜密大日記』昭和十七年第十六号　1／2（陸軍省陸亜密大日記　S17-40）

陸亜密受第三九三一号

秘　電報訳　四月二八日　二〇時二〇分発
　　　　　　二九日　〇三時一〇分着

副官　宛

発信者　富集団参謀長

富集参二電第七〇一号

久留米原古賀町一〇三操培歛《ソウバイコン》方原美義外六〇名及台湾より原美義外一〇名（台湾より一〇名を併せ引率渡航す）昭南駅「コウシヤ」要員として招致致度に付許可せられ度許可の向は久留米第十八師団司令部及台湾軍司令部各副官部宛差出され度

終

編注　「久留米原古賀町」は、久留米連隊近くの遊廓があった町である。

資料58① 軍酒保要員並に慰安婦に対する正式渡航手続

『陸亜密大日記』昭和十七年第五十五号　2／3（陸軍省陸亜密大日記　S17-144）

陸亜密受第一一一一一号

一一月一二日　発信地　広東

秘　電報訳

一三時二〇分発

一四時五二分着

次官宛

発信者　波集団参謀長

波参集電第五一〇号

邦人の南方渡航統制に関しては軍は三月三十日付陸亜密第九九三号に係る暫定措置要領に基き厳に実施中なるも左記項目の通疑義の点之あるに付御回示相成度

左記

一、軍酒保要員並に慰安婦に対する正式渡航手続を如何にするや

二、第三国人の南方渡航は一月二二日付陸亜密第一八六号（乙）項に基き新渡航は差当り之を認めざるの方針は了承せるも第三国人（特に中華民国人並に敵性なき印度人）にして止むを得ざる事由存する場合の渡航正式手続を如何にするや

（特に南方占領地並に仏印泰に区別して承知致度）

陸軍省（総軍は参考）

資料58② 返電―慰安婦は既に南方地域に於ては飽和状況なる

『陸亜密大日記』昭和十七年第五十五号　2／3（陸軍省陸亜密大日記S17－144）

渡航手続きに関する件

（陸亜密電）
次官より波集団参謀長
南方軍総参謀長宛電報案（暗号）

波集参電第五一〇号返

一、軍酒保要員並慰安婦に対する渡航手続は昭和十七年四月二十三日陸亜密第一、二八三号一の「ト」に依り処理せらるへきものなり
尚慰安婦は既に南方地域に於ては飽和状況なる由に付為念

二、已むを得さる事由に依り第三国人の占領地に渡航するものは個々に詮議すへきに付陸軍省に連絡せられ度
尚仏印及泰に渡航するものに就ては軍に於て利用せんとするものは前項に準し処理し、其の他一般渡航者は外交手続きに依るものなり

通電先　波（岡は参考）

陸亜密電　一、三九八　昭和拾七年十一月拾八日

2章　性病対策

解題

「花柳病は身を害し家庭を壊し国を滅ぼす」(「花柳病予防―幹部に対する衛生教育順序」資料82の表現に示されているように、性病(花柳病)は一個人や一家庭の問題にとどまらず、性病患者の増加は、兵力の減退と将来の人口政策にも悪影響を及ぼす重要な問題であると、軍の上層部は認識していた。「連隊長注意」、月例の身体検査、「予防法学科」での授業等を通して、折りにつけ性病予防の徹底が命じられていたが、それにもかかわらず、つねに病気にかかるものがおり、性病患者は増え続けていった。いかにして性病患者の蔓延を防ぐかは重要な問題であった。「慰安婦」とされた女性たちは一週間から一〇日の間隔で検黴(梅毒)検査を受けさせられている。

2章には、性病対策に関する資料を三〇篇収めている。これらの資料は次のように分類することができる。

性病予防のための注意、通牒等を示す資料

「将兵性病処理に関する通牒」(資料63)では、内地に帰還する将兵について治癒または伝染の恐れがなくなるまで現地病院に収容治療、さらに前項該当者については地方長官まで通知すると書かれている。日本国内に性病が蔓延することになれば、人口政策上大変な問題となるので対策を厳格にせよということである。また、「性病のみの治病の為入院中のものは御下賜品拝受せしめず」資料73という資料もある。天皇から下賜される「御菓子」について、性病のみの治病のために入院中のものは受けとることができないという内容である。しかし、その一方で、他の病気と合併させ加療中ということにして報告せよとの指示も見られる。

花柳病の治療や検査等に関する資料

「花柳病患者罹患経路調査」資料69はマニラの南方第一二陸軍病院の資料である。一三五人の入院患者に対する調査で、そのなかには第一慰安所から第八慰安所、その他に慰安所と思われる名前が五カ所記載されて

いて、マニラに多数の慰安所があったことを示している。「保健衛生―比島に花柳病特に多く」資料71では、四種類の花柳病の症状と予防法が書かれている。その中の第四性病がフィリピンにはなはだ多いという記述もある。「性病検査を実施す」資料72では月例の身体検査のなかで性病検査を実施していることがわかる。「検黴成績の件①〜⑧」資料77は広く知られている資料であるが、本資料集にも収めた。「慰安婦」とされた女性たちが入れ替わったことがよくわかるように注をつけて詳細を載せている。「花柳病治療の概況（レガスピー）」資料80②からは、尿検査によって判定を下していたことがわかる。「還送患者輸送実施の件通牒（うち花柳病患者数）」資料81①②は、フィリピンを含む各地の患者を船で輸送したことを示している。北支派遣部隊調査の「性病に関する諸統計表」は「幹部に対する衛生教育順序」資料82とともに綴られていた。約五〇〇〇人の兵を対象に調査をしている。フィリピンのものではないが、性病罹患者の多さを伝えている。貴重な資料と考え、ここに収めた。

衛生サック等の送付を示す資料

「陸亜密大日記」や「陸支密大日記」には衛生サックの送付についての資料が多数見られる。当時、軍は性病予防対策として兵士に衛生サックを配布していた。「陣中事務用品」とともに「防疫材料」として蚊取り線香や蝿取り紙と同じ項目欄に衛生サック数が記入されている。そのなかから、二点の資料を収録した。「衛生サック五六〇万個」資料59、「衛生サック一五三〇万個」資料60は大量の衛生サックの送付を示している。他の資料については「衛生サック等に関する一覧表」として調査会で作成し、この章の最後資料85に収めることにした。

資料59 衛生サック 五六〇万個

『陸亜密大日記』昭和十七年第六号 1／3（陸軍省陸亜密大日記 S17-11）

陸亜密受第一五三七号　建築課

陣中事務用品其他追送に関する件

昭和拾七年弐月廿五日

〔中略〕

追送品目数量調書

追送部隊　陸軍需品本廠

受領部隊　南方総軍　野戦貨物廠

渡集団　野戦貨物廠

品目		単位	追送区分		計
			西貢	比島	
一、陣中事務用品					

〔中略〕

三、防疫材料					
蚊取線香		函	二、〇〇〇、〇〇〇	四〇〇、〇〇〇	二、四〇〇、〇〇〇
蠅取紙	美濃型	枚	一、〇〇〇、〇〇〇	二〇〇、〇〇〇	一、二〇〇、〇〇〇
	ローラー型	個	二、〇〇〇、〇〇〇	四〇〇、〇〇〇	二、四〇〇、〇〇〇

殺虫液	一八立入	缶	一二、〇〇〇	二、〇〇〇	一四、〇〇〇
	二立入	〃	二二〇、〇〇〇	四〇、〇〇〇	二六〇、〇〇〇
殺咀液　一八立入		〃	三五、〇〇〇	五、〇〇〇	四〇、〇〇〇
殺虫粉		瓩	三〇、〇〇〇	四、〇〇〇	三四、〇〇〇
クロールカルキ		〃	四二〇、〇〇〇	八〇、〇〇〇	五〇〇、〇〇〇
明礬		〃	五〇、〇〇〇	六、〇〇〇	五六、〇〇〇
消石灰		〃	三〇〇、〇〇〇	五〇、〇〇〇	三五〇、〇〇〇
衛生サック		個	五、〇〇〇、〇〇〇	六〇〇、〇〇〇	五、六〇〇、〇〇〇
四、日用品					

〔後略〕

備考

一、本件は南方軍自四月至九月の六か月間の所要とす

二、輸送に当りては品目毎の跛行《はこう》状態無き如く努むるものとす

三、在庫品に期待すへき数量なきを以て可成速に遅くとも六月末迄には全数発送するものとす

四、本示達は本期間の兵力移動を考慮しあるものとす

五、南方軍は糊粉は現地にて充足するものとし南総経衣第一〇〇号中本示達により

資料60 衛生サック一五三〇万個

『陸亜密大日記』昭和十七年第二十一号　1／3（陸軍省陸亜密大日記S17-54）

陸亜密受第二八五六号

建築課

陣中用品整備に関する件

昭和拾七年三月三十日

昭和十七年度陣中用品整備計画

第一方針

昭和十七年度陣中用品の整備は現兵力に依る補給に支障なからしむるを目途とす

一、陣営具は内地部隊を含む全兵力に応する年間維持保続用に必要ある数量を整備す

二、陣中事務用品は内地部隊を除く全兵力に対する年間所要数の約八割を整備す　残余の約二割は本年九月頃現地軍の保有状況と需品廠《しょう》の在庫量を検討し第二次整備に依り本計画を補正し以て補給の万全を期す

第二要領

一、陣営具

1. 内地及満州部隊所要のものは各部隊提出の補給需品見込数量を其の在庫現保有量を参酌し検討査定し算出す

内地部隊統一調達金額は約一二七万円とす

2. 支那及び南方軍所要のものは現地調弁に努めしむることとし調弁不可能なるもの又は極めて不利とするものに付所要見込数量を積算す〔中略〕

二、陣中事務用品、防虫材料、日用品

外地部隊兵力に応ずる所要数量の約八割を各地域別、補給基準数量表に依り積算す

此の数量より本年度末需品廠在庫予想数量を控除し第一次として整備す〔中略〕

昭和十七年度陣中用品整備数量調書

整備部隊　陸軍需品本廠

品目		単位	数量	摘要
一、陣中事務用品				
〔中略〕				
三、防疫材料				
蚊取線香		函	五、〇〇〇、〇〇〇	
蠅取紙	美濃型	枚	六、〇〇〇、〇〇〇	
	ローラー型	個	六、〇〇〇、〇〇〇	
殺虫液	一八立入	缶	一三、〇〇〇	
	二立入	〃	一四三、〇〇〇	
同右エキス	一八立入	〃	五〇〇	
殺咀液	一八立入	〃	五七、〇〇〇	
殺虫粉		瓩	九〇、〇〇〇	

クロールカルキ	〃	四〇〇、〇〇〇	
明礬	〃	一〇〇、〇〇〇	
衛生サック	個	一五、三〇〇、〇〇〇	

〔後略〕

資料61　本日の実施課目　花柳病予防法学科

『昭和一七・四・一～一八・二・二八　独立守備歩兵第三十五大隊第二中隊陣中日誌』（比島進攻102）

自昭和十七年四月一日
至昭和十七年四月三十日

陣中日誌第三号

独立守備歩兵第三十五大隊第二中隊

四月十七日　金　晴　於マニラ

一、本日実施課目左の如し

1. 自九時至十時三十分　基本体操及応用体操（指導官　奥村少尉）
2. 自十時三十分至十一時　花柳病予防法学科（実施官　寺戸准尉）

〔二～四　略〕

資料62　花柳病に感染せるものあり

『昭和一六・一二～一七・一二　垣16D　部隊関係書類綴』（比島進攻8）

通　報

昭和十七年八月二十一日

連隊本部　吉田大尉

リブマナン警備隊長殿

裏《さき》に連隊長より注意せられあるも尚左の件に関し不十分なる点あるを以て厳に訓戒せられ度依命通報す

一、隔地部隊より「ナガ」に集合宿泊せるものにして濫《みだ》りに外出し私用を弁しあるもの

二、隔地部隊より「ナガ」に物資購入のため派遣せる下士官、兵にして未た引率者を付しあらざるもの及公用腕章を付著せざるものあり

三、最近各隊下士官以下にして花柳病に感染せるものあり

身体検査の受験を洩れなく実施せられ度

資料63　将兵性病処理に関する通牒

『昭和一七・八・一～一七・一〇・三一　野砲兵第二十二連隊第二中隊陣中日誌』（比島防衛361）

自昭和十七年九月一日

至昭和十七年九月三十日　拾弐号

陣中日誌

野砲兵第二十二連隊第二中隊

九月十八日

バランガ

峯日命第二〇一号

大隊命令

陸軍主計少尉　犬飼好一

兵　一

右糧秣補給事務連絡の為明十九日出発三泊の予定を以て在「マニラ」貨物廠並に師団司令部に出張を命ず

会報

一、今般陸密第二一一二号を以て大東亜戦争関係将兵性病処理に関する左記要旨通牒あり

左記

1. 派遣部隊は厳正適切なる指導に依り性病感染の機会を努めて避けしむると共に慰安所等の衛生管理を万全を期するものとす

2. 内地に帰還すべき将兵に付ては性病身体検査を実施し性病患者は内地帰還せしめざるものとす治癒又は伝染の恐なきに至る迄現地病院に収容治療せしむ

3. 前項該当者は帰還に際し地方長官宛夫々通報するものとす〔後略〕

『昭和十七年　タクロバン憲兵分隊発来翰綴』（比島防衛574）

資料64　本部より配布したるサック

連絡

昭和十七年十一月二十一日

本部庶務

カトバロガン分隊庶務御中

曩に本部より配布したる「サック」を某分隊に於ては下士官以下に於て適宜分配したる事例のあるも之は分（遣）隊長以下全員に対する分として配布したるものに付承知相成度

但し傭人（含比島人）にして妻帯しあるもの及二十才未満のものには配布せさる様せられ度　尚之か使用に関しては充分教育され度為念

資料65　衛生サック欠乏せるに付

『昭和一七年　イロイロ派遣憲兵隊雑書綴』（比島防衛540）

軍政会報

昭和十七年十一月二十一日

軍政監部イロイロ出張所

一、目下衛生サック欠乏せるに付、各隊の慰安所利用者に衛生サック給与の上登楼せしめられ度右連絡す

二、衛生サック入手につきては目下連絡処置をなしつゝあり

資料66 サックを左記により分配

『昭和十七年　タクロバン憲兵分隊発来翰綴』（比島防衛574）

連絡

十二月十二日

本部庶務

庶務係　殿

別送「サック」を左記により分配相成度

左記

一、将校以下各二個宛とす

但し家族と同棲しある通訳其他の傭人及未成年者には分配せさるものとす

二、若し員数に不足ある場合は彼是融通の上分配せられ度

三、使用に関する教育を十分徹底せしめ分配せられ度

資料67 慰安所の監視に努め月間性病患者なし

『昭和一八・一・一〜一八・二・二八　独立守備歩兵第三十五大隊陣中日誌』（比島防衛300）

昭和十七年十二月分

戦時月報

独立守備歩兵第三十五大隊

第一〜第六〔略〕

第七、経理

〔一〜五　略〕

六、共有金

高度に分散配置の為一括して兵慰安の為共有金の利用法困難なるに鑑《かんが》み各中隊毎に金壱百円也を支給し中隊長、副官の責任を以て慰安の為に使用せしむ

第八、衛生

〔一〜三　略〕

四、其の他

インパルタオ米軍病院閉鎖に伴ひ諸衛生材料を接収之を南方第十三陸軍病院カガヤン分院に引継を為せり　性病予防に関しては厳に注意を払ひ月例身体検査、衛生知識の向上、検黴の徹底、慰安所の監視に努め月間性病患者なし

資料68　花柳病予防に関する連隊長注意

『昭和一八・一・一〜一八・一・三一　野砲兵第二十二連隊第一大隊陣中日誌』（比島防衛345）

自昭和十八年一月一日

至昭和十八年一月三十一日第十六号

陣中日誌

野砲兵第二十二連隊第一大隊段列

一月二十六日　晴　於ラマオ

〔一〜三略〕

四、中日命第四十六号及連隊会報別紙受領

会報　一月二十六日

一、花柳病予防に関する注意別紙の通心得べし

花柳病予防に関する注意

最近各隊兵中花柳病増発の傾向あるは洵《まこと》に遺憾に堪へさる所なり

曩に本職着任に当り指導方針に示したるか如く聖戦に従ひ戦地に在る帝国の軍人たるを銘肝せば鞏固なる意志を以て欲を制するは敢て困難事にあらさるへし　況《いは》んや一時の感情に駆られ平素教育せられある衛生的予防処置を怠り遂に恥すへき疾病に罹患しさなきたに僅少なる人員を以てする警備勤務に支障を来し累を戦友に及ほすか如きは命令遵守の観念に乏しく道義に欠くるものと見做《みな》すへく各隊長は当然処罰すべきものなりと信す

大東亜戦は正に緒戦に過きす　長期戦に於ける人的戦力の増強は皇国百年の大計なるを思ふ時該疾患の予防撲滅は国家の急務なり

諸子克く想を日夜神に詣する故国の両親に致すと共に補給も絶えたる南海の孤島に連日連夜死闘を繰返しつゝある戦友を偲ひて努めて趣味を高尚にし鞏固なる意志を以て節欲し軍人の本分に悖《もと》らさらん事を期すべし

而して本職は各隊長の骨肉愛と綿密周到なる教育指導とに依り此の種の忌むへき疾病絶滅の一日も速かなら

んことを念願して止まさるなり

昭和十八年一月二十五日

連隊長

資料69　花柳病患者罹患経路調査

『昭和一八・一・一〇～一八・七・二三　歩兵第三十三連隊関係資料』（比島防衛242）

花柳病患者罹患経路調査

昭和一八、二、二六　南方第十二陸軍病院調
安田隊医務室復写

一、調査人員　一三五（現在入院患者）

二、罹患地
マニラ市内　七二名（五三、四％）
比島（マニラ市外）内　三〇名（二二、二％）
比島外　三三名（二四、四％）

三、罹患場所（但しマニラ市内）
イ　公娼　五九名（八一、九％）
私娼　一三名（一八、一％）
ロ　公娼所属別

第一慰安所　一〇名　　第二慰安所　四名
第三慰安所　三名　　第四慰安所　七名
第五慰安所　六名　　第六慰安所　六名
第七慰安所　六名　　第八慰安所　八名
其の他富士花園昭和園各二名朝日館麗水館各一名不明三名私娼所在地は患者該地名を詳にせざる為判然とせざるも下町に多きもの丶如し

四、罹患月別
昭和十七年九月　三名　昭和十七年十二月　一三名
同　十月　九名　昭和十八年　一月　八名
同　十一月　一四名　同　二月　二名
罹患月日判然たる四九名に就きては前述の如し昭和十七年九月十日頃罹患せしもの丶少きは当時罹患せし者の中の大分既に治癒退院せしに由る
相手方の娼名は知れる者殆どなき為之を詳にし得ず

五、予防処置（マニラ市内罹患者に就て）
イ　「サック」使用の有無
使用者　四二名（五八・三％）
非使用者　三〇名（四一・七％）
非使用者中、私娼を相手とするものは一三名中一一名公娼を相手とせる者は五九名中一九名なり「サック」使用の場合破損せりと云ふもの二六名（四二名中なるを以て六一、九％）なり
ロ　洗浄実施の有無
実施せし者　四五名（六二、五％）

実施せざる者　二七名（三七、五％）
洗浄薬乃至方〃は詳にし得ざるも局所を拭ふ程度のもの大分の如し
実施せさりし者の中洗浄薬なき為と云ふ者一名ありたり（慰安所に於て）
ハ　星秘膏使用者　三名
星秘膏の存在すら知らざる者多数あり
以上

資料70　花柳病の撲滅に尽力せり

『昭和十八・六・一～昭和十九・五・三十一　第一六師団第二野戦病院陣中日誌』（比島防衛71）

陣中日誌
六月三十日　水曜日　晴　於ナガ
一、部隊一般の行動
部隊は引続き「ナガ」に病院を開設す
〔二～十　略〕
十一、本旬に於ける主要事項左の如し
1. 衛生に関する事項
衛生に関しては部隊の特異性上日□□《不明》勤務する時間多き関係上兵員の保健の為日朝点呼後保健体操を励行し毎週火曜日を結核予防日として院内の清潔整頓並に被服寝具の日光曝干の励行
〔中略〕
又六月二十三日より小石見習士官をして露営地区内の衛生巡察を実施し地方衛生の向上を図る

と共に特に軍指定飲食店の調理場排水溝の衛生状態を精査し之が改善是正を計り伝染病発生防止に努めたり　尚慰安所の衛生設備の改善並に衛生思想の普及に努め花柳病の撲滅に尽力せり

〔後略〕

資料71　保健衛生──比島は花柳病特に多く

『昭和十八年七月　原稿綴　比島憲兵隊本部』（比島全般279）

昭和一八、九、二〇　本部庶務課

庶務要報第九号

〔一〜三　略〕

四、保健衛生に就て

マニラ第六三兵站病院及南方第十二陸軍病院に於ける調査に依れは花柳病患者は漸次増加の傾向にあり而して当隊に於ける現状は多発を認めさるも戦時下本病は著しき戦力の低下を来し更に人口国策にも重大なる影響を及ほすへきものなるにつき左に本病の主症状予防法並に罹患時の処置を述へ花柳病の予防絶滅に対する注意を喚起せんとす

1.　花柳病の種類及症状

花柳病とは痳病、軟下疳、梅毒、第四性病を謂ひ主として性交の際伝染す

イ　痳病は痳菌に依り起り菌は膿中に存す通常性交後三〜五日を経て発病すること多し急性期には尿道より膿を排出し排尿時尿道は熱く痛み時には血液を混することあり　慢性に移行すれは自覚症は少く尿道の痛痒《カユミ》を感する程度なるも排膿は殆と認めす但し尿中には痳菌を存すること多し屢々《しばしば》本症を経過中副睾丸摂護腺等の炎症を併発し将来不妊症の原因となり且亦関節炎を起せは其の関節の強直を残し不具者とな

ることあり又、膿（痳菌）眼に入る時は痳毒性結膜炎を起し眼球か溶け失明すること多し

ロ　軟性下疳は軟下疳菌に依り起るものにして病原菌は潰瘍の分泌物中に在りて感染後概ね一～三日にして発病す　主として冠状溝（かりくび）、包皮（かりくびに纏《まつわ》る皮）、亀頭（陰茎先端の亀甲様の処）又は陰茎外皮に潰瘍を生し其の潰瘍の数は多く膿性分泌物を生し激痛あり本症を経過中疼痛性横痃（よこね）を併発すること多し

ハ　梅毒は「スピロヘータ、バリダ」に依て起り病原体は発疹（くさ）の分泌物中に在り感染後概ね三週間にして病毒侵入部に硬くて疼痛なき小創（初期硬結又は第一期梅毒）を生す、次て数週間後には頭重、頭痛、発熱等の症状を起こし皮膚に種々多様なる発疹を生し又頭髪か抜け或は声か嗄《か》れる等の複雑なる症状を呈す（第二期梅毒）更に数年後には骨、筋肉、内臓器官に護謨腫を生す（第三期梅毒）。終には脳脊髄を侵して精神病を発し又は運動失調を来すことあり（第四期梅毒及変性梅毒）。それのみならす梅毒は子孫に病毒を伝へ早産、流産の原因となり又は先天梅毒児或は白痴児等の出産の因となる

ニ　第四性病の病原体は濾過性病原体と言ふ極めて微小なる菌にして時としては「サック」をも透過することあり、感染後何等の初期症状を呈することなく突然鼠蹊《そけい》淋巴腺腫脹を来し疼痛なく炎症の加はるにつれ漸次罹患淋巴腺の数を増し大きさも鶏卵大、時には拳大となり皮膚面より各淋巴腺の腫脹を窺《うかが》はるる如く累々たる塊状をなし各腺毎に化膿自潰して皮膚に数多くの孔を穿ちて悪臭ある膿を出し惨澹《さんたん》たる症状を呈するに至る更に本病後肛門狭窄《きょうさく》、尿道狭窄を起すことあり、本病は比島に於て甚た多し

2.　予防法

比島は花柳病特に多く且つ其の症状も極めて悪質なり故に左記予防法は必す之を励行せられ度

イ　性交をなすに際しては必す「サック」を用ひ且其の破損を確むること

ロ　成可く「ワセリン」を「サック」に塗布すること

ハ　性交後は確実に排尿し且つ過まん剥水《ママ》、又は温湯にて洗浄すること

ニ　泥酔時は絶対交接を為さざること
ホ　私娼窟には絶対出入せざること
3.　罹患時の処置
花柳病は姑息なる素人療法等により病状を遷延《せんえん》せしむるは絶対に禁物にして斯る場合には到底その根治は望み得す、されは万一本病に罹患したる時には遅疑逡巡することなく直診し其の初期に於て強力徹底的なる治療を受くる事肝要なり

資料72　性病検査を実施す

『昭和一八・八・一〜一八・一〇・三一　第一六師団第二野戦病院陣中日誌』（比島防衛　77）

八月二十五日　水曜日　晴　於レガスピー
一、部隊一般の行動
部隊は引き続き主力を以て「レガスピー」に病院を一部を以て夫々「ナガ」に病院「ダエト」に患者療養所を開設す
〔二〜六　略〕
七、十五時三十分　日々命令
〔一略〕
二　明後二十七日左記に依り性病検査並に肝脾腫調査を実施す
左記
1.　時刻　　一四〇〇

2. 場所　隊長室前広場
3. 順序　肝脾腫調査次に性病検査
4. 担任官　性病検査　福田中尉　丸岡見習士官
肝脾腫調査　矢野見習士官
治療部病室付先任下士官は夫々の準備を完了し置くべし
〔後略〕

九月十三日　月曜日　曇　於レガスピー〔中略〕
七、十六時三十分　小松中尉本院兵舎に於て下士官以下全員に対し花柳病に就て教育を実施し十七時三十分終了す

九月二十日　日曜日　晴　於レガスピー〔中略〕
六、十四時〇〇分　隊長室前広場に於て将校以下全員の月例身体検査口腔検査性病検査並に血液型判定を実施す

『昭和一六・一二・二四～一七・一・三　加喜部隊戦闘経過概要』（比島全般151）

資料73　性病のみの治病の為入院中のものは御下賜品拝受せしめず

垣副庶第二二二七号
恩賜品拝受準備の為人員調査の件通牒
昭和十八年十一月八日　垣第六五五〇部隊参謀長
垣第六五六〇部隊長殿　〔略〕

恩賜拝受人員調査表

昭和一八、一〇、三一調

区分		人員	小計	合計	摘要
高等官	武官	何名	何名	何名	
	文官	何名			
	有給嘱託	何名			
判任官	武官	何名	何名		
	文官	何名			
	有給嘱託	何名			
兵		何名	何名		
雇員		何名	何名		
傭人		何名	何名		

備考

〔一～三　略〕

四、病院にありては本要領に基く外「戦傷患者」「戦病のみの患者」「性病のみの患者」の入院患者数を本表区分欄に従ひ調査の上報告するものとす

〔中略〕

五、入院患者調査参考の為「昭和十七年二月十四日陸亜普第五〇号御賜品拝受に関し陸軍病院在院中の性病患者の取扱方の件」写別冊の通り配布す、然して性病患者に対しては（イ）を成る可く除外し（ロ）（ハ）に該当せしむる如く調査報告せられ度

〔六　略〕

写

陸亜普第五〇号

御下賜品拝受に関し陸軍病院在院中の性病患者取扱方の件通牒

昭和十七年二月十四日　　　　　　　　　　　　　陸軍省副官　川原　直一

御下賜品拝受に関し陸軍病院在院中の性病患者の取扱は兵に与ふる影響上統一するの要あるを以て自今左記の如く取扱はれ度依命通牒す

左記

一、御下賜包帯の取扱方

性病患者の有無に関せす戦傷の為入院加療中のものには一般戦傷者同様取扱ふ

二、御煙草

兵一般に御下賜のものに付性病の有無に関せす光栄に浴せしむ

三、御菓子

入院患者に御下賜なりたるものに付

(イ)　性病のみの治病の為入院中のものは拝受せしめす

(ロ)　性病を主治名とするも他に戦傷、戦病、平病を合併し加療中のものは拝受の光栄に浴せしむ

(ハ)　戦傷、戦病、平病を主病名とし性病を合併加療中のものには拝受の光栄に浴せしむ

資料74 花柳病は猛烈に蔓延しある状況

『昭和一六・七・四～一八・一二　第十六師団命令綴　16D司令部』（比島進攻7）

昭和十八年十二月

レイテ島兵要衛生地誌（第一報）

第十六師団防疫給水部

〔一～六　略〕

七、衛生

〔1～9　略〕

10、公娼並に私娼

一般に増加の徴あり特に支那人街に多く花柳病は猛烈に蔓延しある状況にして軍の定むる慰安婦十一名内七名は現在不合格なる有様なり市内には其の他三十名以上の私娼ある噂にて町役場に登録しある半公娼は八名なり私娼の増加薬品の不足相伴ひて花柳病の蔓延怖る可ものあり（昭和十八年十一月調）

八、疾病の状況〔後略〕

資料75 行政命令―検黴の件

『昭和一九・一・四～一九・一二・三一　バコロド地方警務顧問部陣中日誌』（比島防衛664）

陣中日誌

参月壱日　水曜日　晴

〔前略〕

市長より　一、聴取の件ダン〔ス〕ホールバー其他従業員に関する検黴の件一九四二・九・一七行政命令第九五号五十四条を以て明文あり〔後略〕

検黴の件　　行政命令九五五四条

三か月毎　　一九四二・九・一七

大日本軍司令官の認可によるダンスホール、ナイトクラブ、キャバレーバー、ダンスイグスクール、に職業とする者は十八才以上にして州又は市の衛生官より病気のなきものとして認められた免状を所有するものに限る（伝染性可能のあるもの）病気、但し十三才〜十八才のものは親権人の承諾あるに□□□《不明》雇入こと出来ず

医者の診断書は月一回提出すること但市州の衛生官により無免許又は疾病者ありと発見せるときは営業を停止す

　雇用に対する規定なし

〔編注〕陣中日誌の本文の上にわら半紙鉛筆書きの「行政命令」が貼付されている。

資料76　慰安所用として衛生サック一万個

『昭和十九・三・一〜十九・九・三〇　南方軍野戦貨物廠　タクロバン出張所陣中日誌』（比島防衛404）

陣中日誌

三月十二日　曇り時々雨　日曜日

命令事項　なし
位　　置　「レイテ」島「タクロバン」町「テレーセマルテル」街「サプライテビション」
実施業務　〔一〜四　略〕
五、補給
1. 独立混成第三十三旅団本部へ「タクロバン」舎営地区内慰安所用として衛生「サック」七百個
〔後略〕

三月十三日　月曜日　晴
命令事項　〔略〕
位　　置　「レイテ」島「タクロバン」町「テレールマルセル」街「サプライテビション」
実施業務　一、送証二六二及一九八による衛生サック一〇、〇〇〇個　麻袋二五〇梱　ブルサック四梱八〇〇より源助丸（第三）より揚陸一二〇〇終了
〔二〜六　略〕

九月二日　土曜日　晴
命令事項　なし
位　　置　前日同断〔九月一日レイテ島「タクロバン」町「テレスマルテレス」街〕
〔中略〕
衣糧需品事項
糧秣事項

一、補給用野菜二〇四瓩《キロ》　タナワンにて四七一瓩市内にて購入
一、補給用野菜三〇〇瓩　タナワン威部隊農場にて受領
一、補給用生魚二四一瓩　豚肉六三瓩市内にて購入
一、威第六五五一部隊は隊外二六部隊に野菜七九九瓩五〇〇　生魚二四一瓩　豚肉六三瓩補給す
需品事項
一、威第一六六九八部隊にアンペラ一〇〇枚　衛生サック二、七五〇個補給
〔後略〕

『昭和一七年　イロイロ派遣憲兵隊雑書綴』（比島防衛540）

資料77　検黴成績の件①〜⑧

①　山庶第一〇号

検黴成績の件通報

昭和十七年五月十二日　　イロイロ患者療養所　㊞山口

イロイロ憲兵分隊御中

第一慰安所本日の検黴成績左記の通り通報す

左記

長	主任	係
(佐々木)	(内田)	(土田)

被検査者姓名	検査成績	病名
A ＝＝＝＝＝＝	可	
B ＝＝＝＝＝＝	可	
C ＝＝＝＝＝＝	可	
D ＝＝＝＝＝＝	可	
E ＝＝＝＝＝＝	可	
F ＝＝＝＝＝＝	可	
G ＝＝＝＝＝＝	不可	膣部糜爛

② 山庶第一二号

検黴成績の件通牒

昭和十七年五月十九日

イロイロ患者療養所 (山口)

憲兵隊御中

首題の件第一慰安所検黴成績別紙の通りに付通牒す

別紙

長	主任	係
(佐々木)	(内田)	(土田)

氏名	可、不、	病名	備考
H ＝＝＝＝＝＝	可		
I ＝＝＝＝＝＝	可		
J ＝＝＝＝＝＝	可		

③　山庶第一六号

検黴成績の件通牒

昭和十七年五月二十六日

イロイロ患者療養所　山口

憲兵隊御中

首題に関する件左記の通りに付通牒す

左記

A	＝＝＝＝＝＝	可		
K	＝＝＝＝＝＝	可		
G	＝＝＝＝＝＝	不可	膣部「ビラン」	
L	＝＝＝＝＝＝	可		
M	＝＝＝＝＝＝	可		
N	＝＝＝＝＝＝	不可		月経
O	＝＝＝＝＝＝	可		
B	＝＝＝＝＝＝	可		
D	＝＝＝＝＝＝	可		

長	主任	係
(佐々木)	(内田)	(土田)

氏名	年齢	可否	病名
K	＝＝＝	一八	可	
P	＝＝＝	一六	不可	外陰部糜爛
A	＝＝＝	三一	可	
Q	＝＝＝	一八	可	皮膚病あり
R	＝＝＝	二〇	不可	膣部糜爛
S	＝＝＝	一八	可	
H	＝＝＝	一七	可	

	氏名	年齢	可否	病名
M	＝＝＝	一八	可	
X	＝＝＝	一九	可	
J	＝＝＝	一六	可	
F	＝＝＝		不可	頸部カタル
D	＝＝＝		可	
B	＝＝＝			月経
Q	＝＝＝			同

④ 山庶第一八号

検黴成績の件報告

昭和十七年五月二十九日

イロイロ患者療養所 (山口)

憲兵隊御中

首題に関する件左記の通り通報す

左記

長	主任	係
(佐々木)	(内田)	(土田)

	氏名	年齢	病名	良否	摘要
イ	＝＝＝	二二才	ナシ	可	
ロ	＝＝＝	一五	〃	可	
ハ	＝＝＝	三二	〃	〃	

⑤　検黴成績の件

昭和十七年六月九日

首題に関する件左記の通りに付

ニ	＝＝＝	二六	〃	〃	
ホ	＝＝＝	二三	〃	〃	
ヘ	＝＝＝	二〇	〃	〃	
ト	＝＝＝	二四	〃	〃	
チ	＝＝＝	二七	〃	〃	
リ	＝＝＝	一九	〃	〃	
ヌ	＝＝＝	二三	〃	〃	
ル	＝＝＝	二四	〃	〃	
オ	＝＝＝	二〇	〃	〃	
ワ	＝＝＝	一九	〃	〃	
カ	＝＝＝	二〇	〃	〃	
◎ヨ	＝＝＝	二七			月経
タ	＝＝＝	二二	膣部糜爛	不可	
レ	＝＝＝	一八	ナシ	可	
ソ	＝＝＝	二一	〃	〃	
ツ	＝＝＝	二五			月経

イロイロ兵站支部医務室　㊞松村

左記

氏名	年	可否	病名
A ＝＝＝	三十一才	可	
T ＝＝＝	十八才	可	
D ＝＝＝	二十才	可	
U ＝＝＝	十七才	月経	
K ＝＝＝	十九才	〃	
P ＝＝＝	十六才	〃	
J ＝＝＝	十六才	可	
V ＝＝＝	十七才	可	子宮膣部軽度の糜爛
W ＝＝＝	十七才	可	
G ＝＝＝	二十五才	否	膣部糜爛
B ＝＝＝	二十一才	可	
H ＝＝＝	十八才	可	
Q ＝＝＝	十八才	月経	

⑥ 検黴成績の件

昭和十七年六月九日

首題に関する件左記の通りに付

イロイロ兵站支部医務室 ㊞（松村）

左記

氏名	年	可否	病名
カ ＝＝＝	二十才	可	
ワ ＝＝＝	十九才	可	
チ ＝＝＝	二十六才	可	
ソ ＝＝＝	二十一才	可	
ヘ ＝＝＝	二十才	可	
ホ ＝＝＝	二十三才	可	

氏名	年	可否	病名
ヌ＝＝＝	二十三才	月経	
ネ＝＝＝	二十才	可	
ナ＝＝＝	二十才	可	
タ＝＝＝	二十二才	可	
イ＝＝＝	二十二才	可	
ツ＝＝＝	二十五才	可	
ウ＝＝＝	十五才	可	

氏名	年	可否	病名
リ＝＝＝	十九才	否	湿疹
ニ＝＝＝	二十六才	可	
ム＝＝＝	三十一才	可	
◎ヨ＝＝＝	二十六才	否	膣部糜爛
ラ＝＝＝	三十才	月経	
ト＝＝＝	二十四才	否	痳病

⑦ 検黴成績に関する件

昭和十七年六月十五日

首題に関する件左記別紙の通配布す

長	主任	係
(佐々木)	(内田)	〔□□〕

イロイロ支部医務室 (松村)

氏名	年	可否	病名
ト＝＝＝	二十四才	月経	
タ＝＝＝	二十二才	否	膣部糜爛
ナ＝＝＝	二十才	可	
ツ＝＝＝	二十五才	可	
リ＝＝＝	十九才	可	
ホ＝＝＝	二十三才	可	
ソ＝＝＝	二十一才	不在	盲腸入院

氏名	年	可否	病名
イ＝＝＝	二十二才	可	

氏名	年	可否	病名
X ＝＝＝	二十才	可	
Z ＝＝＝	二十一才	否	膣部糜爛
a ＝＝＝	一七才	可	
B ＝＝＝	二十一才	可	
A ＝＝＝	三十一才	月経	
b ＝＝＝	十六才	否	陰部潰瘍
J ＝＝＝	十六才	可	
D ＝＝＝	二十才	可	
K ＝＝＝	十九才	否	膣部糜爛
Q ＝＝＝	十八才	可	
c ＝＝＝	十八才	可	

氏名	年	可否	病名
T ＝＝＝	十八才	可	
Y ＝＝＝	二十一才	可	

ノ ＝＝＝	二十五才	可	
ム ＝＝＝	三十一才	可	
ニ ＝＝＝	二十六才	可	
ウ ＝＝＝	十五才	可	
ヌ ＝＝＝	二十三才	可	
ネ ＝＝＝	二十才	月経	

⑧ 通報　十二月二十七日

一、検黴の成績左記の通り通報す

左記

	姓名	年令	成績				
U	＝＝＝	十六才	可				
○G	＝＝＝	二十七才	否	膣部糜爛			

第一慰安所	姓名	年令	成績	第二慰安所	姓名	年令	成績
y	＝＝＝	二一	可	ラ	＝＝＝	二九	可
○H	＝＝＝	一八	〃	ム	＝＝＝	三一	〃
A	＝＝＝	三一	〃	ナ	＝＝＝	二〇	〃
◎M	＝＝＝	一六	〃	ヨ	＝＝＝	二五	〃
e	＝＝＝	一八	〃	ト	＝＝＝	二四	〃
m	＝＝＝	一七	〃	○ホ	＝＝＝	二〇	〃
v	＝＝＝	二九	〃	チ	＝＝＝	二六	〃
α	＝＝＝	一九	〃	ワ	＝＝＝	一九	淋疾
J	＝＝＝	一六	〃	○カ	＝＝＝	二二	陰部湿疹
β	＝＝＝	一八	〃	リ	＝＝＝	一九	月経

イロイロ警備隊　(元木)

U	〓〓〓	一六	淋疾	ニ	〓〓〓	二六	
h	〓〓〓	一九	〃				
r	〓〓〓	二五	〃				
◯z	〓〓〓	三〇	〃				
ν	〓〓〓	一八	月経				

編注1　〓〓〓印は、「慰安婦」氏名が黒塗りされている部分である。「第一慰安所」では黒塗りされた氏名の上にはアルファベットで個人名の代わりに印が付けられている。その印は特定している。例えばAさんは三一歳で「慰安所」開設中ずっといたことがわかる。「第一慰安所」にいた女性はアルファベットの大文字小文字ギリシャ文字のαβγを加えると全部で五五名となる。しかし実際は一〇名から一六名前後が常時いた模様。そうすると、かなり激しい入れ換えがあったと推測される。アルファベットの上に〇印や◎印がついているがその意味は不明。

編注2　「第二慰安所」の氏名の上にはカタカナのイロハ順に符号がついている。五月二九日と六月九日の検黴検査で二四人の女性がここにいたことがわかる。十二月二七日まで新たな符号は追加されていない。この二四人は、資料1にイロイロ出張所特別班の日報五月二九日付に「慰安所二四名」の揚陸と記録され、同二九日にカタカナ文字が付された人たちだけの検黴検査が実施されている。そのため揚陸された女性たちが以後第二慰安所にいたことになる。

*第一慰安所には、

五月一二日　A B C D E F G　計　七名
六月一五日　A B D ◯G J K Q T U X Y Z a b c　計一五名
十二月二七日　A ◯H J ◎M U e h m r v y ◯z α　計一五名

*第二慰安所には、

五月二九日　イ ロ ハ ニ ホ ヘ ト チ リ ヌ ル オ ワ カ ◎ヨ タ レ ソ ツ　計一九名
六月十五日　イ ニ ホ ト リ タ ソ ツ ネ ナ ム ウ ノ ヌ　計一四名
十二月二七日　ニ ◯ホ ト チ リ ワ ◯カ ヨ ナ ラ ム　計一一名

編注3　検黴検査は五月一二日から一二月二七日まで七日から一〇日の間隔で、左記の通り二八回行われ、その結果報告が綴じられていた。□囲のみを本史料集に収録した。

五月　一二日、一九日、二六日、二九日
六月　九日、一五日、二三日、二九日、
七月　七日、一三日、二〇日、二八日、
八月　五日、一一日、一八日、二五日
九月　一日、一〇日、二二日、二九日
一〇月　五日、一三日、一九日、二七日
一一月　三日、一〇日、二七日、
一二月　二七日

編注4　第一、第二慰安所については、当時パナイ島に配備された独立歩兵第三七連隊第三中隊将校・熊井敏美氏（一九四四年八月以降は独立歩兵第一七〇大隊副官・慰安所担当も兼ねる）の証言によると、次のようであった。

「第一慰安所で働いていたのはフィリピン女性で、『慰安婦』にされた女性をゲリラが救出に来たり、彼女たちから日本軍の討伐状況を聞きだしたりしていた。例えば、討伐前になると日本兵が大挙して来ることや兵士が『これが最後かもしれない』など語ることから日本軍の討伐時期が伝わった。結果としてフィリピン女性の第一慰安所はゲリラの情報収集源となり、憲兵隊イロイロ分遣隊　大倉参治中尉が一九四三年一月か二月に閉鎖とした。

また、第二慰安所に連れて来られた女性は台湾人であった。一九四三年七、八月に全員帰国し、新たに、二〇名の台湾女性が到着した。彼女たちの世話をしたのは『お母さん』と呼ばれる台湾女性で、運営は月方という日本人であった。一九四四年一〇月ごろ、女性たちの半分はネグロス島『パゴロド』へ連れていかれた。米軍の攻撃が始まり、一九四五年三月以降、彼女たちも在邦人二五〇人と共に軍の行動に伴い、ボカレへ避難した。『慰安婦』たちは邦人との行動のなかで差別を受け、居たたまれず申し出たので、別隊に配属した。敗戦時、日本軍とともに米軍に投降し、レイテ島『パロ』の捕虜収容所に入った。ネグロス島に行った女性たちは全員死亡したと伝えられる。パナイ島の『慰安婦』は一九四六年一月に台湾に帰国した」（二〇〇六年十月三日および二〇〇七年二月五日談）。

資料78　コレヒドール攻略戦戦病調査表（四月）

『昭和一七・四・一二～一七・五・七　第十六師団軍医部「コレヒドール」攻略戦業務詳報』（比島進攻21）

自昭和十七年四月十二日
至昭和十七年五月七日

第十六師団軍医部

「コレヒドール」攻略戦業務詳報

〔第一章～第四章　略〕

第五章　衛生勤務

〔一～三　略〕

四、患者に関する事項

(1)　戦死傷

(2)　戦病

〔中略〕

四月月間の患者詳細別紙第七の如し〔後略〕

別紙第七

「コレヒドール」攻略戦戦病調査表〔抄〕（四月中）

区分／病名	患者数				摘要
	旧患	新患	治癒	入院	
花柳病	二	二	四		

『昭和十六・一二〜一七・一二　垣16D　部隊関係書類綴』（比島進攻8）

資料79　患者統計表

垣医乙第一二一号

患者統計表送付の件通牒

昭和十七年十一月一日

垣部隊軍医部長　内藤勝樹

垣第五四部隊　第一大隊長殿

自今各部隊患者統計表を統合毎月配布するに付参考とせられ度〔後略〕

昭和十七年九月主要病名別部隊別患者表　垣部隊軍医部

部隊別 / 頂別	垣 51 53 60 62 68 下士候	垣 54	垣 55	垣 56	垣 57	垣 58	垣 59	垣 61	垣 63 64 65 67 69	計
痢				(1)	(1)	(1)				(3)
チ　フ　ス		(1)			(1)				(1)	(3)
ラ　チ　フ　ス	(3)					(6)			(2)	(11)
他の伝染病										
ラ　リ　ア	35	118	135	80	42	45	79	65	64	663
行性感冒										
結　核		1		1					1	3
他の結核										
気		2	4	10	1	5		6	1	29
病					1					1
膜炎同胎後症				1					1	2
他の呼吸器病	11	8	18	33	14	44	8	21	26	183
性　胃　炎		2	4	12		12	4	3	3	40
性　腸　炎	8	14	14	24	15	23	3	27	10	138
柳　病		4	2	1		1				8
病		3	1	3			1	4		12
病		3	2	4		2	1	2	1	15
皮　病	2	70	19	85	5	24	4	4	8	221
動　器　病	1	1		4			1		1	8
傷		4	3	14			3			24
傷	5	18	16	15	11	22	1	9	8	105
慮		3					1			4
他の疾患	13	26	18	118	10	77	9	21	24	316
名　未　定	17	21	68	101	27	94		12	23	363
計	92	298	304	506	126	349	115	175	170	2135
治療日数	861	2461	2504	3054	1003	2558	853	1786	1287	16367
均一日現在患者	28.7	82.0	83.5	101.8	33.4	85.3	28.4	59.5	41.7	545.6
毎□平均一日現在患者	27.8	24.7	26.1	28.1	45.9	38.7	26.3	73.9	36.1	31.2
1.月間治療	102	115	264	367	91	306	105	186	149	1834
2.月間入院	32	56	68	134	10	63	11	42	29	486
3.月間死亡		6	3	5						15

4.本表は部隊の月間新患に付計上せり

5.（　）内は病名未定にて入院し伝染病に決定せるものの再記とす

資料80① 花柳病治療の概況（アルバイ）

『昭和一六・一二・一二～一七・七・三一　第十六師団第二野戦病院業務詳報』（比島進攻17）

自昭和十七年五月八日
至昭和十七年七月三十一日
呂宋全島戡定作戦業務詳報

第十六師団第二野戦病院第一半部

調製官陸軍軍医大尉　堀　清

自五月八日至七月三十一日
「アルバイ」野戦病院

一、野戦病院一般の行動〔略〕
二、病院開設の日時位置院内配置及設備〔略〕
三、患者収容後送の景況〔略〕
四、収容患者部隊別員数表〔略〕
五、日別収容及転帰表〔略〕
六、治療ノ概況
1、内科〔略〕
2、外科
病院開設以来外科的収容患者総数八九名にして内戦傷二七名戦病五二名花柳病一〇名なり〔中略〕戦

病の主なるものを列挙すれば〔中略〕花柳病一〇名（淋病四混合性下疳三鼠蹊麻巴肉芽腫三）なり

〔中略〕

七、病院閉鎖若しくは交代の日時景況〔略〕

八、衛生材料患者被服等に関する景況〔略〕

九、患者及病院付人員の給養

一〇、本期間業務に従事したる人員付表第一一第一二の如し〔略〕

一一、其の他参考となるへき事項なし〔後略〕

付表第五

尿検査実施表〔抄〕

月別／成績・検査数／目的	五月	六月	七月	計
検査数	一一八	三二二	二五一	六九一
麻菌陽性	〇	二	五	七

〔編注1〕アルバイ野戦病院は、一九四二年五月八日、アルバイ州立商業学校に開設された。

〔編注2〕このほか野戦病院における花柳病についての記録は、防衛省防衛研究所図書館資料検索・収集の過程で左記のように一〇数点確認することができた。本資料集ではアルバイ野戦病院とレガスピー野戦病院の二点収録した。

ダバオ第十六師団第二野戦病院（一九四一・一二・二三～一九四二・一・三一）（比島進攻16）
ナガ分院・ナガ野戦病院（一九四二・五・八～一九四四・四・三〇）（比島進攻17、比島防衛72、74、75）
アルバイ野戦病院（一九四二・五・八～一九四二・七・三一）（比島防衛17）
レガスピー野戦病院（一九四三・一・一～一九四四・二・一五）（比島防衛72、74、75）

マンブラオ患者療養所　（一九四三・一・一〜一九四三・六・一五）（比島防衛75）
カラワグ野戦病院・カラワグ患者療養所（一九四三・一・一〜一九四三・五・二四）（比島防衛75）
ダエト患者療養所　（一九四四・一・一〜一九四四・五・四）（比島防衛74）
ルセナ野戦病院　（一九四四・二・一五〜一九四四・五・一五）（比島防衛74）
サンタクルース患者療養所　（一九四四・二・二三〜一九四四・五・一四）（比島防衛74）
カタバロガン野戦病院　（一九四四・五・一二〜一九四四・六・三〇）（比島防衛74）
ラオアン患者療養所　（一九四四・五・二三〜一九四四・六・三〇）（比島防衛74）

ミンダナオ島ダバオ市にある第十六師団第二野戦病院は一九四一年十二月から開始された。また『昭和十八年タクロバン憲兵分隊警務書類綴』（比島防衛568）には「ダバオ市陸軍慰安婦検診所」という記述がある。

編注3　野戦病院の業務は「昭和一六〜一七年業務詳報」（比島進攻17）によれば次のとおりである。「自十二月十八日至十二月二十九日ニ、接敵」の項目に「本来の任務たる野戦病院としては勿論支隊に衛生隊、患者輸送隊、兵站病院の配属無き為前三者の業務をも兼ね行ひ支隊の前進と共に常に収容中の患者を自隊に於て前送せり。且支隊の進撃甚だ急なる為野戦病院の前進亦甚だ迅速を要求せられ病院を開設しつゝ前進とも言ふべき実状なりき」とあり、まさしく戦闘の只中に位置していたことがわかる。開設場所も当初は小中学校や道路作業事務所などが使われた。

資料80②　花柳病治療の概況（レガスピー）

『昭和一八・一・一〜一八・六・三〇　第十六師団第二野戦病院業務詳報』（比島防衛75）

自昭和十八年一月一日　至昭和十八年六月三十日
比島全島第三期戡定作戦業務詳報
第十六師団第二野戦病院

自一月一日　至六月三十日

「レガスピー」野戦病院　　調製官　陸軍軍医大尉　糸井八寿治

〔一～五　略〕

六、治療の概況

1. 外科

〔前略〕

本開設間外科患者総数一七四名内戦傷七一名戦病七六名花柳病二七名なり〔中略〕

花柳病患者は駐留久しきに及ぶに随ひ逐次増発の傾向あり其の大部は淋疾にして十五名第四性病七名混合性下疳三名軟性下疳二名なり

淋疾に対しては「レギオン」「トリハロミン」の静注「ネオプロントチール」の筋注「スルファミン」剤の衝撃療法を行ひ〇・五％―二％「プロタルゴール」液の漸進的尿道洗浄を施行せり第四性病には専ら「スルファミン」剤の注射並に衝撃的内服に依り全治せしむ硬性下疳には「ネオサルバルサン」の静注に「イマミコール」の筋注を併用、局所には硝酸銀水の焼灼「ヨードフォルム」「デルマトール」の撒布又は軟膏類の貼布を行ひ時々井出氏反応検査を実施根治を計れり

右各性病疾患全治に至るも誘発法を施行検鏡検血を施行之が完全なる治療を与ふ〔中略〕

付表第三「レガスピー」野戦病院手術名簿〔抄〕

病名	負傷月日	手術月日	適応症	手術記事	転帰	隊号	階級	氏名
第四性病	一月七日	二月六日	化膿腫脹疼痛	切開排膿	後送	歩九連隊本部	陸上	西川〔●●〕

付表第四　自昭和十八年一月一日至昭和十八年六月三十日　病理試験実施件数並に成績表

其の一　血中「マラリア」原虫検索実施表〔略〕
其の二　血液検査成績表〔略〕
其の三

尿検査実施表〔抄〕

月別		一月	二月	三月	四月	五月	六月	計
目的	成績／検査数	五四	六三	五八	九四	一七〇	一七二	六一一
淋菌	陽性数	五	二	二	五	四	八	二六

〔七～十一略〕

編注　付表第三にある黒丸〔●●〕は編者による。付表第四其の三の表中「目的」の項目は他に蛋白、胆汁色素、ウロビリノーゲン、糖、沈査、比重である。尿検査実施表の中に淋菌の項目があるのは他の史料にも多数見られる。

資料81①　還送患者輸送実施の件通牒（うち花柳病患者数）

『陸亜密大日記』昭和十七年第七号　3／3（陸軍省陸亜密大日記　S17-16）

陸亜密第　七六七号
船医第三号
還送患者輸送実施の件通牒
昭和拾七年壱月廿弐日
船舶輸送司令官　佐伯文郎
陸軍大臣　東条英機殿

還送患者輸送を左記病院船に依り別紙の通実施せしに付通牒す

左記

志あとる丸　病院船衛生第　六　班
亜米利加丸　病院船衛生第　七　班
さいべりや丸　病院船衛生第二五班
波上丸　病院船衛生第五一班
瑞穂丸　病院船衛生第五三班
北辰丸　病院船衛生第五五班
あらびあ丸　病院船衛生第五六班
蓬莱丸　病院船衛生第五七班

昭和十六年自十二月二十二日
昭和十七年至一月九日
還送患者輸送報告

輸送者
第五五病院船北辰丸衛生班
医長、陸軍軍医　中尉　佐々　猛
他、医官（員）三名　薬剤官（~~調剤員~~）一名
衛生部准士官下士官八名　書記　名
~~看護婦長~~四七名　~~看護婦　名　使丁　名~~
ュ生兵

区分／病類	収容地別 リンガエン海岸	収容地別	収容地別	計	階級別 将校	階級別 准士官	階級別 下士官	階級別 兵	階級別 其の他	死亡	転送先病院 第百兵站病院	転送先病院 ダルモチス	転送先病院 高雄

〔略〕

泌尿器及生殖器病													
花柳病	一			一				一			一		一

〔略〕

総計	一九六			一九六	一一		二一	一四六	（一八）	二（一）	二五	五二	一一六
患者収容月日地名員数	昭和十六年十二月二十二日より十七年一月六日まで比島リンガエン海岸に於て患者一九六名収容す												
患者揚陸月日地名員数	昭和十六年十二月二十七日ダモルチスに於て治癒見込患者二十五名及び昭和十七年一月四日五十二名揚陸　昭和十七年一月九日還送患者一一六名揚陸す												
備考	死亡欄（一）は事故退院 患者（治癒見込）担送　九五名　護送　六六名 独歩　三五名												

資料81②　還送患者輸送実施の件報告（うち花柳病患者数）

『陸亜密大日記』昭和十七年第五十八号（陸軍省陸亜密大日記　S17-153）

船衛庶第一六二号

還送患者輸送実施の件報告

昭和拾七年十一月廿日

船舶衛生隊長　西　巻　精　逸

陸軍大臣　東　条　英　機　殿

還送患者輸送を左記病院船に依り別紙の通り実施せしに付報告す

〔略〕

昭和十七年 自十月二十九日 至十一月一日 南方方面 還送患者輸送報告〔抄〕

輸送者

病院船衛生第五十三班 扶桑丸
班長 陸軍軍医 中尉 西村幸之助
他、医官 四名 薬剤官 一名
衛生部准士官下士官一三名 衛生兵七四名

区分／病類	収容地別			計	階級別					死亡	転送先病院		
	昭南				将校	准士官	下士官	兵	其の他		西貢		

〔略〕

泌尿器及生殖器病	一〇			一〇	1		一	八			一〇		
花柳病	一一			一一	一		三	七			一一		

〔略〕

昭和十七年 自十月二十六日 至十一月一日 昭南 還送患者輸送報告〔抄〕

輸送者

病院船衛生第十七班 まにら丸
班長 陸軍軍医 大尉 伊藤新右衛門
他、医官 五名 薬剤官 一名
衛生部下士官一名 書記二名
婦長一一名 看護婦七二名 使丁四名

区分／病類	収容地別			計	階級別					死亡	転送先病院		
	昭南				将校	准士官	下士官	兵	其の他		香港		

〔略〕

泌尿器及生殖器病	一〇			一〇				八	二		一〇		
花柳病	九六			九六			一〇	七二	一四		九六		

編注　還送患者輸送の資料は多数あり、各船舶にたいてい花柳病の記入があった。一名から数名のものが多いなかで、資料81②は性病患者数が多い。また、資料82は、「治癒に至る迄内地に還送せず」とあり、完治しなければ帰還できなかったようである。本資料の注記に「事変患者はアラビア数字をもって再記するものとす」と表記されている。

資料82　花柳病予防―幹部に対する衛生教育順序

『参考書類綴　衛生関係　昭和十四年度〜十七年度』（中央軍事行政衛生153）

幹部に対する衛生教育順序

昭和十五年二月

甲集団軍医部

〔一〜六　略〕

七、花柳病予防

花柳病は身を害し家庭を壊し国を亡す

一、軍の性病予防対策

Ⅰ　精神教育及各種慰安施設等に依り特殊慰安所に立入る機会を与へさる如くするを第一とす

Ⅱ　伝染の虞《おそれ》ある者は治癒に至る迄内地に還送せす

Ⅲ　性病患者は治癒後と雖も再発の虞あるものは其の旨現地陸軍病院長より出身地市町村長に通報す

二、花柳病は主として性交に依り感染し芸娼妓は殆んと全部有毒者なり、依て性交の際には次の予防法を確実に実施すへし

イ、飲酒後性交してはならない

ロ、検黴証明書を確めよ

ハ、性交前女に洗浄せしめよ

ニ、「サック」は必す使用せよ

ホ、星秘膏を使用せよ

　性交前少量を陰茎に塗り次て「サック」を被せ更に「サック」の表面に少量を塗り残余を性交後尿道内に注入せよ

ヘ、用済後速に放尿及洗浄消毒を行へ、性交後五分間以内に消毒せされは消毒の効なし

ト、帰営後医務室に立寄り処置を乞へ

チ、異常ある者は早期に受診し徹底的に治療を受けよ

リ、包茎の者は花柳病に罹り易きを以て特に消毒を厳重に行へ

性病に関する諸統計表　昭和十五年一月印刷
北支派遣多田部隊冨家部隊副島隊調査

性病患者感染機会調査表

区分	計 人員数	計 %
帯患	六二九	一一・六一
招集地	一五三	二・八二
内地より輸送間又は兵力転用間	二二七	四・一九
戦地	四、四〇九	八一・三八
計	五、四一八	

調査人員　五、四一八名

注意
性病が如何に戦地に於て多く罹患せるかに注意せねばならぬと同時に戦地に在る娼婦は殆ど全部が性病保有者なりと言うも過言ならずと思考せよ

性病患者役種別調査表

役種別	計 人員数	計 %
現役	七五一	一三・八六
予備役	一、八三七	三三・九二
後備役	一、九三七	三五・七五
補充兵役	八〇八	一四・九一
軍属	八五	一・五六
計	五、四一八	

調査人員　五、四一八名

注意
性病は役種の如何を問わず感染するものである

性病患者年齢別調査表

年齢別	計 人員数	計 %
二五歳以下	一、八一四	三三・四八
二六歳三〇歳	一、八八一	三四・七二
三一歳三五歳	九六三	一七・七七
三六歳四〇歳	七四九	一三・八三
四〇歳以上	一一	〇・二
計	五、四一八	

調査人員　五、四一八名

注意
性病は年齢の如何に問わず感染するものである
特に三〇歳以下の血気盛りの者に多し

治癒退院患者病名治癒日数調査表

病名別	治癒日数 延日数	治癒日数 一人平均治癒日数
麻毒性疾患	四五九、三八六	九一、一六七
軟性下疳横痃	六四、九〇五	五八、二〇二
黴毒	六九、八二二	七六、一三二
鼠蹊淋巴肉芽腫症	九四、九二七	一〇三、五四〇
計	六八九、〇四〇	八六、八二五

調査人員七、九三六名

注意
性病患者の為に如何に戦力に影響するか及び一度罹患すれば如何に数十日に亘る入院を要するかに注意するを要す

性病患者対手女国籍別調査表

国籍別	計 人員数	計 %
日本人	一、四二七	二六・三四
朝鮮人	二、四五五	四五・三一
支那人	一、五三五	二八・三七

対性病身体検査不合格者治療日数表

病名別	総治癒延日数	一人平均治癒日数
麻毒性疾患	五五、三九六	二七・五二
軟性下疳横痃	五、〇〇九	三〇・七三
黴毒	二、〇四六	五〇・一五
鼠蹊淋巴肉芽腫症	一、三〇八	四八・四九
計	六三、七五九	四五・六四

調査人員一、三九七名

注意
内地帰還に際し性病罹患者は右表の如く多くの入院日数を要するのである

性病患者妻帯の有無調査表

区分	妻帯者人員数	無妻者人員数
麻毒性疾患	一、三三六	一、四四五
軟性下疳横痃	四七五	五四八
黴毒	三五二	四三八

性病既往症有無調査表

病名別	既往症を有するもの	調査人員に対する百分率
麻毒性疾患	一、一六九	四二・〇四
軟性下疳横痃	二六七	二六・一〇
黴毒	二〇一	二五・四四
鼠蹊淋巴肉芽腫症	一四九	一八・〇八
計	一、七八六	三二・九六

調査人員五、四一八名

注意
右の表は一例であるけれ共国民の中には右表に示す如く既往症を有せる性病患者がある

性病患者予防法実施調査表

予防法	人員数	%
サック使用	二、六二五	四八・四五
星秘膏二銀膏使用	八七一	一六・〇八
性交後洗浄	二、七一五	五〇・一一

西洋人	一	○・○二
計	五、四一八	

調査人員五、四一八名

注意
本事変に於て半島婦人の進出は活発である丈それ《ママ》病源を有するものが多い

鼠蹼淋巴肉芽膿症	三九八	四二六
計	二、五六一	二、八五七

調査人員五、四一八名

注意
本事変に於ては右表の如く妻帯者にも感染している

性交後放尿	三、二三〇	五九・六二

調査人員五、四一八名

注意
右表予防法を各法全部やる程感染の悪魔から逃れることが出来る

性病患者性交時飲酒状況調査票

病名別	性交の際飲酒しあるもの	調査人員に対する百分率
麻毒性疾患	一、三二〇	四七・四六
軟性下疳横痃	四五二	四四・一八
黴毒	三七九	四七・九七
鼠蹊淋巴肉芽腫症	四一二	五・○○○《ママ》
計	二、五六三	四・七三一《ママ》

調査人員五、四一八名

注意
性病患者の殆んど過半は感染時飲酒して居たものである
此等飲酒は理性を失ひ性病感染の期会（ママ）を多く作るを示す

入院患者性病予防常識調査票

区分	知って居た予防法	一番よいと思って居た予防法
サック使用	一、一五八	八三三
星秘膏 二銀膏 使用	七四六	五八
洗浄法	七一四	一八一
放尿	八四三	一一二
薬液尿道内注入	二九九	一七
知らぬもの	一七	一九

調査人員一、二二〇名

注意
感染予防に対する予備知識を十分に知得し置く必要がある
予防法を知得しながら之を完全に実施せざる状況なり

資料83　大東亜戦争関係将兵の性病処置に関する件

『陸亜密大日記』昭和十七年第二十四号2／3（陸軍省陸亜密大日記　S17-64）

陸亜密第五五八二号　衛生課

大東亜戦争関係将兵の性病処置に関する件

陸亜密第　　号　〔甲〕

大東亜戦争関係将兵の性病処置に関する件陸軍一般へ通牒案

昭和十七年六月　日

陸軍省副官　川原直一

出勤地に於ける性病予防の徹底を期し以て戦力の減退と病毒の国内搬入に依る民族の将来に及ほす悪影響とを防止せんか為左の通り定められたるに付依命通牒す

左　記

一、派遣部隊に於ける性病予防に就ては厳正適切なる指導に依り感染の機会を避けしむると共に出勤地に於ける慰安所等の衛生管理に関し遺漏なきを期するものとす

二、内地に帰還すへき将兵に就ては現地に於て帰還前対性病身体検査を実施し伝染の虞ある患者は最寄の病院に収容加療し治癒又は症状固定し伝染の虞なきに至る迄内地に帰還せしめさるものとす

三、性病患者にして治癒後と雖も再発の虞ある者は其の旨入院しある病院長より退院帰郷の際出身地地方長官宛通報するものとす

陸亜密第二一一二号　昭和拾七年六月拾八日

理　由

古今東西を問はす戦争後国内に性病の蔓延したる事例乏しからす、大東亜戦争参加将兵の内地に帰還に方《あた》り国内に性病の蔓延を来さしむる事は啻《ただ》に帰還将兵の家庭問題に止らす我か国人口政策上真に由々しき事にして之か対策は緊急且厳格なるを要す
之本案を達せんとする所以なり

資料84① 南方補給用並防疫用衛生材料（第五次）交付の件

『陸亜密大日記』昭和十七年第二十号3／3（陸軍省陸亜密大日記 S17－53）

南方補給用並防疫用衛生材料（第五次）交付の件　　医事課

陸亜密

副官より陸軍衛生材料本廠長へ通牒案

貴廠在庫の補給用並防疫用衛生材料不足は之を購買並製作を別紙の通交付　西貢及昭南島各一名馬尼剌一名の宰領を付す　相成度依命通牒す
追て本件経費は臨時軍事費の支弁とし患者費　目途五〇〇、〇〇〇円　旅費及雑費　目途二七〇、〇〇〇円は別途申請せられ度申添ふ

陸亜密第一一五七号　昭和拾七年四月拾参日

兵総乙

兵站総監部参謀長より南方軍総参謀長へ通牒案

一月二十九日付南総医薬第一二五号及第一二六号を以て請求せられたる首題の件別紙の通陸軍衛生材料本廠

をして交付せしめらるるに付承知相成度

陸軍衛生材料本廠に対し　四月十三日付陸亜密第一一五七号の分

兵総乙第三六三号　昭和拾七年四月拾参日

〔中略〕

別紙第一

品目		交付部隊／数称	第二十一野戦貨物廠	第二十二野戦貨物廠	第二十三野戦貨物廠	摘要
〔略〕						
梅毒診断用具	井出式	具	一五	一〇	二五	
	村田式	〃	一五	一〇	二五	
〔略〕						
パンクレアチン		瓩	五	三	一〇	
梅毒診断液	村田式	瓶	一五	二〇	三五	
	井出式	〃	一五	二〇	三五	

資料84② 南方補給用衛生材料（第一四次）交付の件

『陸亜密大日記』昭和十七年第五十二号　3／3（陸軍省陸亜密大日記　S17-137）

南方補給用衛生材料（第一四次）交付の件　　医事課

陸亜密

副官より陸軍衛生材料本廠長へ通牒案

貴廠在庫の補給用衛生材料を別紙の通第十七軍に交付相成度依命通牒す

追て本件運搬費は臨時軍事費運輸費令達予算内より支弁せられ度申添ふ

陸亜密第四二七四号　昭和拾七年十一月五日

兵総乙

兵站総監参謀長より第十七軍参謀長へ通牒案

九月五日付沖集医第一二号を以て請求せられたる首題の件別紙の通陸軍衛生材料本廠をして交付せしめらるるに付承知相成度

軍衛生材料本廠に対し

十一月五日付陸亜密 第四二七四号の分

兵総乙第一二九一号　昭和拾七年十一月五日

別紙第一〔抄〕

器械			
品目	称数	員数	摘要
〔略〕			
梅毒診断用具	具	一二	井出式
〔略〕			

薬物			
イヒチオール	瓦	一〇〇、〇〇〇	
イマミコール	個	一、五〇〇	
梅毒診断液	箱	一〇	井出式
麻菌ワクチン	瓶	五〇〇	
フエナセチン	瓦	六、〇〇〇	
フエノバリン錠	個	一五、〇〇〇	
〔略〕			
星秘膏	個	五〇、〇〇〇	
制瀉錠	瓶	二〇、〇〇〇	
ストロファンチン錠	個	五、五〇〇	
〔略〕			

資料85 衛生サック等に関する一覧表〈当調査会作成〉

	史料名称	送付先	記述	備考	請求記号
1	15・9・20 昭和十五年九月月報		衛生サック 百個（単位） 1円40銭（単価）	需品購買単価表 臨時陸軍東京経理部	陸支密大日記 S16－3
2	17・1・24 支那補給用衛生材料（第二次）交付の件	南支那野戦貨物廠	星秘膏（個） 30、000		陸亜密大日記 S17－7
3	17・2・25 陣中事務用品其他追送に関する件	南方総軍 野戦貨物廠 渡集団 野戦貨物廠	衛生サック（個） 西貢 5、000、000 比島 600、000 計 5、600、000	自四月至九月の六か月間の所要とす	陸亜密大日記 S17－11
4	17・3・30 陣中用品整備に関する件		衛生サック（個） 15、300、000	内地部隊を除く全兵力に対する年間所要数の約八割を整備 残余は九月頃補正	陸亜密大日記 S17－54
5	17・4・13 昭和十七年度野戦酒保品整備追送に関する件	関東軍 野戦貨物廠	衛生サック（個） 5、000、000 星秘膏（個） 5、000、000	自昭和十七年四月至昭和十八年三月間所用の分とし	陸亜密大日記 S17－71

6	17・4・27 陣中事務用品其他追送に関する件	岡集団　南海支隊	衛生サック（個）	40、000	南海支隊の約四ヵ月分とす	陸亜密大日記 S17－37
7	17・5・20 陣中用品交付に関する件	沖集団「ロ」部隊	衛生サック（個）	40、000	三〇〇〇名に対する六か月分とす	陸亜密大日記 S17－47
8	17・7・5 陣中用品其他整備追送に関する件	北海支隊	衛生サック（個）	10、000		陸亜密大日記 S17－67
9	17・7・11 陣中用品其他追送に関する件	一木支隊	衛生サック（個）	9、000	部隊所要の二か月分とし	陸亜密大日記 S17－75
10	17・9・18 陣中用品追送に関する件	沖部隊	衛生サック（個）	80、000	ラバウル向け船舶に搭載	陸亜密大日記 S17－110
11	17・9・22 陣中用品交付に関する件	司部隊	衛生サック（個）	40、000	飛行第十二船隊に大阪に於て交付	
12	17・9・30 陣中用品追送に関する件	第二十一野戦貨物廠 第二十二野戦貨物廠 沖部隊司令部	衛生サック（個） 衛生サック（個） 衛生サック（個）	4、000、000 440、000 800、000	第二次追送 岡部隊十八年三月迄 渡部隊十八年三月迄 沖部隊十八年三月迄	陸亜密大日記 S17－119

13	17・10・9 陣中用品追送に関する件	沖野戦貨物廠	衛生サック（個）	300、000		陸亜密大日記 S17－120
14	17・12・12 陣中用品交付に関する件	剛部隊	衛生サック（個）	6、000		陸亜密大日記 S17－161
15	17・12・19 野戦酒保品整備追送に関する件	昭南第二十三野戦貨物廠	性秘膏《ママ》（個） 衛生サック（個）	1、500、000 1、500、000		陸亜密大日記 S17－166

編注　衛生サックに関する資料は防衛省防衛研究所図書館所蔵の陸亜密大日記及び陸支密大日記の中から抜粋し、編者が作成した。一覧表の通し番号「3」は資料59、「4」は資料60で原資料を表した。表中の「請求記号」は防衛研究所図書館の資料請求記号である。

3章　「性的問題」の取締

解題

天皇の軍隊すなわち皇軍にとって、軍紀風紀の確立は聖戦の目的を達成するための重要課題であった。しかし、いわゆる「支那事変」以降、中国や南方においては日本兵による掠奪、傷害、婦女暴行などの対住民犯罪が頻発し、軍紀風紀は乱れていった。こうした状況が皇軍の名誉を著しく傷つけ、その威信を失墜させる事態を招いたため、軍上層部は早急に軍の規律を正そうと、折りあるごとに強姦・暴行・掠奪等を厳禁する旨の命令を出している。一九四二年二月には「陸軍刑法」の改正をおこない、第九章「掠奪の罪」を「掠奪及強姦の罪」とし新たに強姦の罪を明記した資料108。他方では、強姦防止対策の一環として「慰安所」の設置を推進していった。

本章では、フィリピン占領政策を達成するために軍紀風紀の見地から「性的問題」を厳しく戒める「会報」「訓示」「通牒」等の資料を収めた。日本軍の上陸直後から「作戦初期に於ては強姦著しく多く」資料92という状況であったために、強姦・掠奪等を厳しく禁じる「会報」が出されている資料89、90。前述の陸軍刑法改正後に発信された訓示や口演では「強姦は陣中にては死刑」資料89、91と強い警告も発している。しかし1章にみられるように、実際は強姦に対する処罰は重罪とはならなかった。以後も性犯罪の取締に関する通牒などが繰り返し出されている背景には、日本兵による犯罪多発の実態が変わっていない現実がうかがえる。

師団参謀長口演資料91では、強姦行為を戒めつつ、それは全島の治安を乱す原因となるからであると述べている。「殺戮、放火、掠奪、強姦に就きて」資料103にも、これらの犯罪は「敵の逆宣伝の具に供せられ又は原住民の怨恨を招き治安の促進に重大なる悪影響を及ぼす」とある。つまり性的問題の取締目的は、占領支配のための治安維持に他ならず、被害者住民の側に立って犯罪を取り締まることではまったくなかった。それはまた、「軍紀風紀を確立し土民に尊敬心を起さしむ」資料89や「比島人の女は殆と梅毒林〔痳〕病等殊に悪性て」資料91とあるように、民族差別や性差別を根底にしたものであった。

しかも、こうした犯罪を取り締まる立場の憲兵が、その絶大な権力を背景にして住民に対する暴力行為を加えており、それを戒める内容の訓示も多い資料88、93他。しかし「皇軍擁護の徹底に関する件」と名づけられた覚書資料101では、罪なき女子供を含む一家惨殺の「不祥事」に対し、憲兵としては「ことは既に決行せられたるものなるを以って、対外的には努めて部隊の行動を正当化すへく努むへきなり」とし、あくまでも皇軍の名誉を守ることが第一義であることが明示されている。

また強姦防止という名目で設置した「慰安所」であったにもかかわらず、一方では「慰安施設を多くすると兵の討伐力を弱む」資料99、「慰安等は後にして先づ討伐を実施すべし」資料100と、その存在が討伐の気勢を鈍らすとして問題視もしている。私娼屈への出入りが増え軍紀風紀を乱すと警告を発している資料もある資料95、96、97。強姦の多発は、日本軍の意図に反して「慰安所」の設置が決してその抑止力となっていないことを示している。

資料86　強奪強姦等の行為は絶対厳禁す

『昭和十六年十一月二十二日〜三十日　第一測候班陣中日誌』（比島進攻110）

第一測候班陣中日誌

一月三日　土曜　晴

〔中略〕

会報　左の会報を下達す

会報　　　　　　　　　　一月三日　二〇〇〇

一、左記事項につき一層の注意をなすべし

1. 敬礼動作は他部隊の上官に対しても自己部隊と同様厳格に実施すること
2. 強奪強姦等の行為は以前にも達せし通り絶対厳禁す
3. 宿舎内外の清掃を実施すること〔後略〕

〔編注〕資料86の次ページに一九四二年一月四日の記録が綴じられているので一九四二年のものと推定される。

資料87　暴行又は猥褻に亘るが如き行為

『昭和十七年　野戦高射砲第四十五大隊第一中隊陣中日誌』（比島防衛321）

自昭和十七年一月一日

至昭和十七年一月三十一日
　陣中日誌　第八号の一
一月三日　土曜日　天候　晴後曇
任務及陣地　マビラオ陣地に在りて泊地の防空並に警戒に任ず
〔中略〕
会報受領　左記会報を受領す
　　会報　　　　　　　一月三日　於本部
一、徴発に関して軍参謀長より通牒ありたるに付各隊は左記事項を厳守すべし若し違反したる時は厳重罰せらる
二、爾今自動車使用徴発は隊長の許可なく之を行ふべからず
三、許可を受けたる時は必ず責任ある将校指揮の下になすべし
四、徴発物は食糧品以外之を禁ず
五、女尊男卑の風甚しきを以て婦女子に対する理由なき殺傷は固より苟も暴行又は猥褻《わいせつ》に亘《わた》るが如き行為は絶対に之を禁ず〔後略〕

『昭和十七年　イロイロ派遣憲兵隊連絡会議書類綴』（比島防衛539）

資料88　憲兵の職権乱用に就いて

昭和十七年隊本部に於ける連絡会議書類綴　　　イロイロ派遣憲兵隊

配布書類目録〔抄〕四月二・三日　於事務連絡会議

訓　示

〔前略〕

一、軍紀風紀

軍紀風紀の維持刷新に関しては既に屢次《るじ》に亘り訓示せるところにして幸にして今日まで大過なきを得たりと雖も現下の特殊なる環境憲兵の絶大なる権力極端なる分散配置荒廃に陥り易き野戦気分等二、三に止まらさる禍因に鑑みるとき事故の多発性は寧ろ将来にありて既に其の萌をすら感知するに難からさるものあるを憂ふるものなり

故に幹部は身を持すること愈々謹厳に率先範を垂れ苟《いやし》くも事なきに狎《な》れ偸安《とうあん》に流れ不知の間不祥事を醞《うん》醸《じょう》せしむるか如きことなき様不断の指導監督を望む〔後略〕

昭和十七年四月二日　第一野戦憲兵隊長　大田清一

隊長要望事項

一、憲兵の政治干与に就て〔略〕

二、憲兵の職権濫用に就て

本件は諸官の努力に依り漸次減少しつゝあるも尚住民に対する暴行々為、憲兵隊通訳の無銭遊興等の事故発生を見たり

之等非行に対しては涙を揮ひて馬謖《ばしょく》を斬り当初に於て萌芽を徹底的に剪除する如く指導を望む

〔三～五　略〕

六、財的誘惑に就て

高木風強しの諺の如く占領地に於る権威隆々たる憲兵に対しては衆人は虎視眈々として其の一挙一動を

注視あり
諸官は十分部下を戒飭《かいちょく》指導し些《すこし》の非違なき様せらるへし
例へは押収自動車の処理、不良邦人、通訳との交際身分不相応の所持品、過分の遊興費等苟も世人の誤解を招くか如き事は厳に注意を要す
（了）

資料89　性的問題の根絶

『昭和一七・七・一〜一七・一二・三〇　歩兵第九連隊第一中隊陣中日誌』（比島防衛171）

陣中日誌
七月十九日　晴　パサカオ　最高三三、〇　最低二二、五
〔一　略〕
二、十五時より「ナガ」歩兵団司令部に於て下士官以上に対し渡辺参謀長の訓示あるに付本職以下五名十二時三十分「パサカオ」発「ナガ」に至る
定刻より歩兵団長閣下並連隊長臨席の下に大要左の如き訓示あり
左　記
1. 比島作戦一段落後長期戦に対処すへき我等の覚悟
2. 占領治域《ママ》の治安確立
イ、比島人の風俗習慣を尊重すること
ロ、性的問題の根絶（強姦は陣中にては死刑）

ハ、金銭不足に起因する不正行為の取締
ニ、軍紀を確立し土民に尊敬心を起さしむ
ホ、警戒心の旺盛

結論
皇軍として恥さる現状を維持し以て次期作戦に万遺憾なき準備を整ふにあり〔後略〕

資料90 掠奪強姦等非違行為の防止

『昭和一七・六・八～一七・一一・一一　イロイロ憲兵分隊作命綴（部外）』（比島防衛518）

渡討三三作命甲第一二一号　別紙

八月以降作戦及警備に関する細部の指示

〔一～十　略〕

十一、軍の威容整ひ且軍紀風紀厳正なるは即ち地方官民をして益々皇軍を信頼し積極的に我に協力せしむべき捷径《しょうけい》なると共に一面彼等従来の崇米思想を皇国依存に転換せしむべき好個の宣伝なり
然るに作戦已に久しきに亘り一面殺伐放縦の気風を生ずると共に他面惰気厭戦の悪風を馴致するの虞あり、而已ならず各部隊共極めて広範囲に兵力を分散し特に本属以外の各種部隊を包擁しある関係上之が監督指導困難なる実情あるを以て将来益々志気を振興し愈々軍紀を振作し就中、掠奪、強姦等非違行為の防止には格段の留意を要す
然れ共万一不祥事の発生に方りては毫末《ごうまつ》も之を握り潰すことなく厳重に之を処断し将来此の種事件の

頻出を防止するを要す

〔十二　略〕

昭和十七年八月六日　支隊長　永野亀一郎

資料91　師団参謀長口演要旨――強姦行為は治安を乱す原因となる

『昭和一六・一二～一七・一二　垣（16D）部隊関係書類綴』（比島進攻8）

参謀長の巡視の際に於ける口演要旨

自分は師団長の側近に居て師団長の常に言つて居らるゝことを承つ〔て〕居るので茲に師団長の御意図を伝達し諸官の猛省を促す次第てある〔中略〕

〔一　略〕

二、将校以下強姦の行為は絶対にない様にせら〔れ〕度《た》い　一人の強姦行為は其の地方のみならす全島の治安を乱す大きな原因となるのてある

又陣中に於ける強姦は本年二月改正の陸軍刑法に依れは死刑に処せらるゝのてある之に関連して述へると比島人の女は殆んと梅毒林《ママ》病等殊に悪性て感染すれは取返しのつかないことになるから十分注意せら〔れ〕度い

〔三～六　略〕

編注　資料91は、一九四二年八月六日の「貯金奨励の件通牒」資料の前に綴じられており、四二年八月頃のものと推定される。なお、陸軍刑法改正については、資料108を参照。

資料92　軍参謀長口演要旨――作戦初期に強姦著しく多く

『昭和一七・五・二五〜一七・一二・五　イロイロ憲兵分隊　執務参考綴』（比島防衛546）

昭和十七年九月二十二日　第十四軍司令部

兵団長会同席上に於ける軍参謀長口演要旨

〔一〜三　略〕

四、軍紀風紀に就て

当軍上陸以来の犯罪非行の状況を見るに作戦初期に於ては強姦著しく多く一時憂慮すへきものありしも軍隊指揮官を始め憲兵其の他関係諸官の努力に依り六月中旬以降其の跡を絶つに至りしは同慶とする所なるも近時窃盗横領等の散発を見特に将校下士官にして此種犯行を犯すものあるは遺憾とする所なり

上官に対する暴行脅迫侮辱抗命等の悪質軍紀犯は若干の発生を見たるも多発するに至らさりしは些か意を安する所なり

役種別に犯罪非行の状況を見るに強姦、対上官犯は共に召集者に断然多く窃盗及横領は共に現役者に稍々多きは注意すへき所なり

〔中略〕

殊に戦陣の生活漸く長期に及はんとするや精神の弛緩を来し各種の誘惑に乗せられ色欲犯に関連する物欲犯、対上官犯等多発し易きは既往支那事変の示す所なり

〔後略〕

〔五〜十五　略〕

資料93　異民族戦軍紀の確立を急務とす

『昭和一七・一〇・四～一七・一一・一五　第十四軍憲兵隊参考書類綴』（比島防衛669）

「ビサヤ」地方憲兵服務指示

細部に亘り指示したきも是等は近く会談の際開陳すへきを以て目下着手しある治安確立工作上緊急とする事項中大方針につき所懐を陳述せるを以て必ず実践せむことを望む

一、異民族戦軍紀の確立を目下の急務とす

〔中略〕

是が為将兵の注意すへきこと次の如し

(1)殺より利用〔略〕

(2)無茶な放火は止むべし〔略〕

(3)強姦は絶対不可

女尊男卑の思想ある比島人に於ては最も敵愾心《てきがいしん》を抱くものなり

(4)掠奪〔略〕

(5)殴打は厳禁〔略〕

(6)侮辱的行為の廃止

検問中の兵か娘の鼻を弾きて自殺未遂を生したる事例　侮辱的言辞を弄して反感を抱かしめたる事例　婦人の裾を故意に捲くりて侮辱観を与へたる事例等多々あり　斯ることが案外治安上に悪影響を与へるものなり〔後略〕

右指示す

昭和十七年十一月十五日

比島憲兵隊長　長浜　彰

資料94　軍人の対比島人態度に関する件

『昭和一六・一二～一七・一二　垣（16D）部隊関係書類綴』（比島進攻8）

垣湖教第八号

軍人の対比島人態度に関する件通牒

昭和十七年十二月二十日

部隊長　神谷保孝

井上隊長殿

果敢なる討伐の成果を維持増進するは之に併行する対民衆宣撫の適否に依る所極めて大なるものあり特に軍隊の先端たる兵と比人との接触態度か治安確立に及ほす影響大なるものあるを以て対比人態度に於て左記の如き軍の宣撫実施の趣旨に反する所為を厳に戒むる如く一兵に到る迄徹底指導相成度通牒す

左　記

一、不当廉価に依り物品購入又は代償不払

二、些細なる事項に係る暴力行為

三、婦女子に対する色欲的侮辱

四、風俗慣習の相違に依る比人の行為を曲解し之を侮蔑し嘲笑するか如き態度

五、征服者的高慢気分に陥り比人に対し徒らに横暴なる態度を以て臨むか如き所為

六、軽薄なる揶揄的行為

資料95 部隊の名誉を傷つけたるもの

『昭和一六・一二～一七・一二（垣16Ｄ）部隊関係書類綴』（比島進攻8）

垣湖教第十二号

下士官兵の行動指導に関する件通牒

昭和十七年十二月二十六日

垣六五五四部隊副官代理　万木清良

各隊長殿

駐留久しきに亘り且つ屢次の討伐勤務等に日を追はれある結果下士官兵の行動に関し細部に亘る教育指導の徹底を期し難く　為に時として皇軍たるの自覚を欠き且つは当部隊の名誉を傷つくるやの疑ひを抱かしむるものあるは甚だ遺憾なり　最近左記の如き事例あるに鑑み　自今人員の多寡に拘はらす機会ある毎に此の種教育を実施し一兵に至る迄徹底する如く指導相成度依命通牒す

左記

〔一～二　略〕

三、出帳先等に於て部隊の名誉を傷つけたるもの

出張先等に於て直接上官の監視外にありて行動するものは特に注意を要す　最近「マニラ」に於て其の行動自覚を欠き部隊に通報を受けたるもの数名あり　例へは私娼窟に出入せるもの敬礼悪きもの服装態度悪きもの　階級章を付けさるもの

〔四～六　略〕

七、以上最近の事例を示したるに過ぎざるも　要は帝国軍人としての誇を忘れす　被占拠地土民を指導する為の模範を示す如く指導相成度

以上

資料96　私娼窟に出入りする者の大部は飲酒せる者

『昭和一八・一・一〇～一八・七・二二　歩兵第三十三連隊関係資料』（比島防衛　242）

桃防庶第五四号

「マニラ」市内軍紀風紀に関する巡察総合所見送付の件通牒

昭和十八年一月八日

「マニラ」防衛司令官　近藤嘉名男

垣第六五五六部隊長殿

首題の件別冊の通り一部送付す

別冊

自十二月二十一日至十二月三十一日

「マニラ」市内軍紀風紀に関する巡察総合所見

一、軍風紀の現状

〔1～3　略〕

二、将来に対する所見

1. 外出前の服装検査後水筒を取外し外出する者あるに付注意せられ度

2. 軍人軍属にして私娼窟に出入する者の大部は飲酒せる者あり
各隊に於て外出先に於ける飲酒を慎しむことに就き更に注意を徹底せられ度
三、非行違者左の如し（関係者のみ）
陸軍一等兵　伊藤民雄
二十七日　私娼窟に立入あり
陸軍一等兵　佐脇正郎
二十七日　私娼窟に立入あり

資料97 軍風紀の現状―私娼を漁る者増加

『昭和一八・一・一〇～一八・七・二二　歩兵第三十三連隊関係資料』（比島防衛 242）

軍紀風紀の取締に関する件通牒
昭和十八年一月十二日
垣第六五五六部隊副官　滝上　良一
各大（中）（小）隊長殿
首題の件に関し別紙の通り通牒ありたるに付各隊は一兵に至る迄徹底を期せられ度依命通牒す

垣参甲第三〇四号
「マニラ」市に於ける軍紀風紀に関する件通牒
昭和十八年一月八日
垣第六五五〇部隊参謀長　河添　連
垣第六五五六部隊長殿

首題の件別紙の通り送付す

追而本件に関して、再三注意を促しあるところなるも未た其の効果認むるものなく甚た遺憾とす今后此の種違反者には違反事項に応し厳重なる処罰を以て臨まるる方針に付之か指導に方りては各隊長に於て遺漏なきを期せられ度申添ふ

別紙

一、軍風紀の現状

1. 敬礼〔略〕

2. 服装〔略〕

3. 態度

飲食店劇場電車内に於ける軍人軍属の動作は一般に静粛にして良好なるも飲酒酩酊して軍人の体面を傷くるか如き醜態を演するも少からす例へは

(イ)数人肩を組みて街路上に放歌乱歩する者

(ロ)食堂の女給仕に巫山戯《ふざけ》る者

(ハ)食堂内に酔潰れあるもの

(ニ)人通り多き道端にて放尿する者

等あり

二、将来に対する所見

1. 海軍の階級識別に就て各隊に於て教育せられ度

2. 外出前の服装検査を更に入念にせられ度

3. 下士官兵には私娼を漁る者漸次其の数を増加する傾向あり各部隊に於て適切なる防止策を講するの要あり

資料98　匪首の妻子、家族の捕獲に努むること

『昭和一七・一〇～一八・一一　左警備隊警備日報会報綴』（比島防衛476）

警備会報　一月九日

一、軍政施設の保護に就て〔略〕

二、討伐に当り砲の威力の活用に就て〔略〕

三、匪首の妻子、家族の捕獲に努むること
最近師団内に於て匪首の妻子、家族を捕へ之を利用して匪首の捕獲に成功せる実例二三に止まらず討伐の一着眼なり

四、投降俘虜の処置に就て
〔中略〕「投降すれば殺さぬ」と宣言したるものに対しては仮令従前悪質なりしものと雖も絶対殺さゞるようすべし　已むを得ざるものは順序を経て軍律会議に付すべし　但し強盗団或は抵抗せるものは此の限りに非ず

〔五～六　略〕

七、最近某隊の兵「マニラ」に出張し幹部より買物を命ぜられありたる為兵站宿舎に宿泊するときは外出困難なるの故を以て女給の家に宿泊し兵器を預け外出中憲兵の臨検に依り該兵器を没収せられし事故発生せり
斯る事故を発生せしめざるよう幹部以下の指導監督を適切にするを要す

〔後略〕

資料99　慰安施設を多くすると兵の討伐力を弱む

『昭和一八・一・一〇～一八・七・二二　歩兵第三十三連隊関係資料』（比島防衛242）

二月四日師団情報会報時伝達事項

三浦中佐軍副官会議に於ける伝達事項

第一　軍司令官

一、各兵団の討伐に依る治安の状況は日一日と向上しあり益々追撃の手を緩めす三月末を目途とし徹底的に討伐せられ度

就中中部呂宋の成果は顕著なるものと認む

二、各兵団の軍紀風紀は良好なるも在「マニラ」軍直轄部隊は不良なり

南太平洋に於ける激戦に思を致さば慰安施設等は後廻として総ての力を治安粛正に注くへし慰安施設を多くすると兵の討伐力を弱む

寧ろ運動競技を奨励すへし〔後略〕

資料100　慰安等は後にし先づ討伐を実施すべし

『昭和一七・一〇～一八・一一　左警備隊警備日報会報綴』（比島防衛476）

二月六日

警備会報

一、軍紀、風紀、内務及教育につきて

1.　各隊の軍紀風紀は概ね良好なるも現在の状況に鑑み更に緊縮するを要す
　慰安等は後にし先づ討伐を実施すべし又慰安は討伐の気勢を鈍らすを以て之等に代へ運動競技教練等を実施する如く著意すべし
2.　中部呂宋に於ける一警備隊の善例（口述）
3.　昨年一月乃至十二月の軍に於ける刑罰は三五四人にして掠奪、強姦、上官暴行（酒に原因せるもの多し）等多く特に後方部隊或は分散配置の部隊に多し徴発と称して掠奪する者等あり
〔中略〕
二、討伐並に情報の収集につきて
〔前略〕
7.　討伐に方り婦女子は仮令《たとえ》匪賊の家族と雖も之を殺さゞることに注意するを要す将来の治安に影響す
〔後略〕

資料101　皇軍擁護の徹底に関する件

『昭和十八年一～三月　イロイロ憲兵分隊警務書類綴２／２』（比島防衛529）
覚
　皇軍擁護の徹底に関する件
昭和十八年二月二十一日
比島憲兵隊警務課長　児玉一真
隊下分（遣）隊長殿
最近某分隊に於て比人を殴打せる兵をして被害者に直接陳謝せしめたる事例あり、本処置は一見公正なる如

くにして実は大局的判断を誤りたるの甚しきものなり
最近上司より民心把握を強調され或は指導国家（盟主）として恥を忍ひつゝ大局の利害上時に不良邦人の罪情を新聞紙に掲載さるゝか如きことありて其の皮相を鵜呑にする者は動もすれは誤解、行過き本末転倒の過誤無きを保し難く、本件の如きも其の一例と思料せらるゝ所なるか軍内部に対して憲兵の行ふ要望と軍人軍隊か為したる対住民非違の対外的措置とは区別して考へ皇軍擁護に遺憾なきを期せられ度
尚最近某地警備部隊か討匪に際し罪なき女、子供を併せ一家族を鏖殺したる不祥事あるも斯る場合憲兵として部隊の猛省を促すは当然なるか事は既に決行せられたるものなるを以て対外的には努めて部隊の行動を正当化すへく努むへきなり、斯く両者を峻別する理性的、大局的憲兵の措置は軍隊の憲兵への信頼を向上し憲兵の立場を強化するものなり、曾て陸軍省兵務課の某将校（憲兵係）は憲兵に対しては厳酷なる要求を為すも陸軍省の他の者に対しては絶へす憲兵を賞揚しありたり
斯る境地は私心ありては為し得さるものなり　憲兵一人好い子になる等と夢思はさる様部下を指導相成度

（了）

発送先
隊下乙

『昭和十八年度　バヨンボン憲兵分隊状況報告綴』（比島防衛602）

資料102　些末の非違と雖も犯さす犯さしめす

東地区警備隊

状況報告

第一　要旨〔略〕

第二　軍紀風紀

一、将校以下の軍紀風紀は厳正に保持しありと信す

部隊は約一か年に亘り当東地区に駐屯し幾多不利なる環境を制し日夜討伐に専念しつゝありて進駐当初は「バタン」作戦以来の粗奔なる気風存在し之か為軍風紀犯数件の発生を見たるも幹部の率先垂範と骨肉の至情を以てする指導信賞必罰重大時局の認識徹底に依り昨年末以来全く処罰者の発生なく一意専心刻下の任務達成に邁進しあり

然して軍紀風紀を厳粛に保持するに非されは如何に果敢なる討伐を実施し治安粛正の施策宜しを得ると雖も其功なく部隊の直面する任務達成は得て望むへからさるを一兵に到る迄徹底せしめ以て些末の非違と雖も犯さす犯さしめす　幹部以下愈々自戒する如く指導すると共に善篤行者並に武功に対し機を失せす之か表彰の処置を構し以て至厳の軍紀を保持するに遺憾なきを期しある次第なり〔後略〕

〔第三〜第十一　略〕

昭和十八年四月一日

東地区警備隊長　井手篤太郎

『昭和一八・五〜一八・六　イロイロ憲兵分隊警務書類綴』(比島防衛531)

資料103　殺戮、放火、掠奪、強姦に就きて

イロイロ憲高第一〇七号

異民族戦軍紀風紀の取締状況に関する件報告

昭和十八年五月二日

イロイロ憲兵分隊長　大倉参治

昭和十七年十二月十日比憲高第四六三号に基く首題の件

（自四月十六日至四月三十日間）左記報告す

左記

一、部隊側の処置並徹底状況

独守歩第三七大隊に於ては別紙（抜粋）の如く大隊長の要望事項を印刷配布し其の趣旨徹底を期しあるに不拘未た飲酒に依る弊害其の跡を絶たす

本期間中

●犯罪　掠奪　二件

●非行　暴行　一件

の発生を見たり

二、〔略〕

別紙

大隊長要望事項　第三号（抜粋）

一、軍風紀を厳粛ならしむへし〔略〕

一、私人宅への出入を禁止す〔略〕

一、殺戮、放火、掠奪、強姦に就きて

誤れる敵愾心、戦場心理の荒廃自制心の欠除等より之等の事項を犯すに於ては敵の逆宣伝の具に供せられ又は原住民の怨恨を招き治安の促進に重大なる悪影響を及ほすは従来の事例に倣して明かなり、試みに思へ自分の罪なき同胞か殺戮せられ姦せられ生活の本拠たる住宅を焼かれ物を掠められ如何なる成ありや　真に怨骨隨《ママ》に徹すへし　比島人は我か共栄圏内にある同胞なり将来手を携へて共栄圏の建設に邁進すへき民族なり敵匪は米の宣伝に迷され我か国力を知らさる憐れむへき輩なり　況んや敵匪勢力圏内中立圏内にある良民に於ておや　止むを得す利敵行為をなしあるものもあるへし匪民の分離明かならさる現在に於ては克く此の間の事情を洞察し処置すること必要なり

掠奪は品性下劣なるを示す幹部は率先垂範苟くも他の疑惑を招くか如きことなきを要す

玆に於て始めて兵を指導することを得　掠奪徴発購買の別を知らしめ置くへし

人命の処分家屋の焼却は爾今将校の命によりて実施すへし　頑冥なる敵匪は勿《ママ》より徹底的に討伐するを要す然れとも常に仁愛の大精神を忘るるなと謂ふに在り

一、民族の習慣を尊重せよ〔略〕

（了）

『昭和十八年　タクロバン憲兵分隊警務書類綴』（比島防衛568）

資料104　皇軍の対住民態度よりする治安観察

比憲高第五四五号

治安月報（八月）提出に関する件報告「通牒」

昭和十八年九月十六日

第十四軍憲兵隊長

八月中に於ける管内治安状況別冊の通り報告「通牒」す

（了）

治安月報（八月）

第十四軍憲兵隊

〔一　略〕

二、一般状況

〔(一)〜(四)　略〕

(五)、皇軍の対住民態度よりする治安観察

〔前略〕

然れ共尚本期間次の如き軍人軍属の対住民犯及非行等民心把握阻害事項ありて更に指導監督の徹底を要するものあり

○住民の通匪事実に憤激し家屋多数焼却　一件　一名（将校）

○比人障害致死事件　一件　一名（通過部隊軍属）

○夫不在家屋に侵入し比妻を連行せんとせしもの　一件　二名（　兵　）

○泥酔による比人暴行　一件　一名（通過部隊軍属）

〔後略〕

『昭和十八年　タクロバン憲兵分隊警務書類綴』（比島防衛568）

資料105　非行を敢て為す者跡を絶たす

比憲高第七〇五号

治安月報（十一月）提出に関する件報告「通牒」

昭和十八年十二月十五日

第十四軍憲兵隊

十一月中に於ける管内治安状況別冊の通報告「通牒」す

（了）

治安月報（十一月）

〔前略〕

二、一般状況

〔㈠〜㈣　略〕

㈤、皇軍の対住民態度よりする治安観察

軍人軍属の対住民態度は全般的に改善向上せられ一般比人の対信軍感は昂上せられあり然れ共独立による比人の対等観念も亦昂まりつつありて部隊の粛正其の他比人の取扱要領等を云々し独立許容の我か真意を疑ふ言動を洩すものありて慎重を要するものあり

又本期間軍人軍属の対住民犯は掠奪一件の発生を見且軍人軍属の飲酒酩酊に基因する暴行其の他非行を敢て為す者未た其の跡を絶たす、是等は新派遣部隊に多く見る処なれは監督指導上注意を要するものあり

〔後略〕

資料106　隊長ビサヤ地方憲兵服務指示図解

『昭和一八・四～一九・六　タクロバン憲兵分隊警務関係参考綴』（比島防衛572）

隊長「ビサヤ」地方憲兵服務指示図解

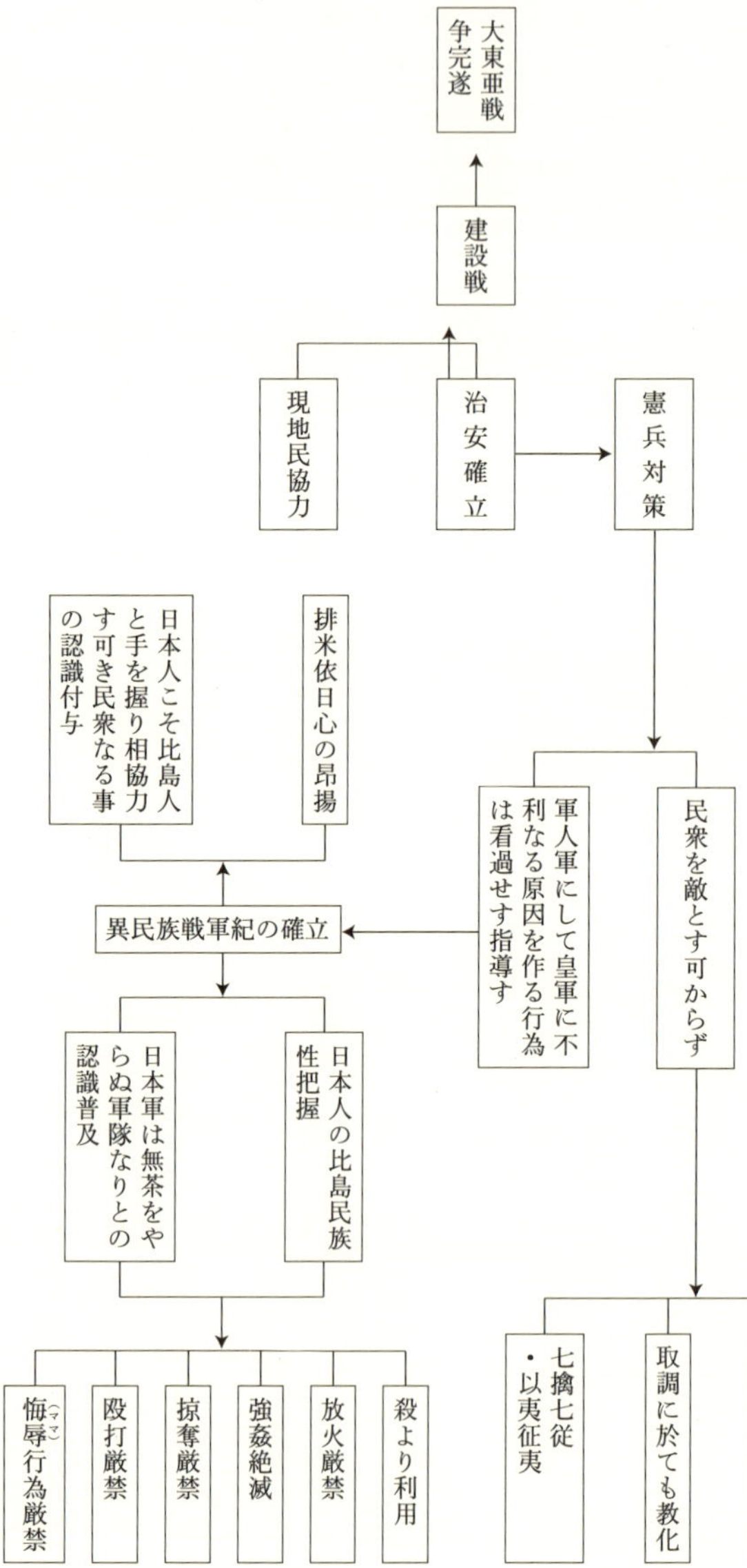

編注　資料106は資料93の比島憲兵隊長　長浜彰の「ビサヤ」地方憲兵服務指示を図解している。資料93は部分抜粋である。

資料107　新部隊長訓示

昭和十九年一一月一日〜十一月三十日歩兵第六十四連隊第二大隊陣中日誌（比島防衛253）

自昭和十九年十二月一日
至昭和十九年十二月三十一日

陣中日誌

歩兵第六十四連隊第二大隊本部

十二月十四日　晴　於シーソン
命課布達式施行さる　新部隊長　中佐　中島正清殿
布達者　水本少佐　諸兵指揮　佐々木大尉

訓示

一、先部隊長及戦友が前進途中に於て海波せられ我々は其の仇を必ず討たねばならぬ
二、ルソン島に必ず敵米英がやって来る我々はこの敵を一兵も残さず撃滅せねばならぬ
三、銃後の人々は常に武運の長久を祈ってゐられる　我々も亦期待に背かざる様御奉公に精励せねばならぬ
四、団結部隊長を中心として家庭的団結を鞏固にせよ
五、訓練の精到　暑さに負けず寸暇を利用して訓練に励め
六、土人を平手で打つな絶対に馬鹿野郎と言うな　強姦をするな

部隊長　陸軍中佐　中島正清

資料108　陸軍刑法加除改正

『昭和十六年六月十三日　陸軍刑法・陸軍懲罰令』〔中央軍隊教育典範各令680〕

法律第四十六号

陸軍刑法

加除改正　昭和十七年二月十九日　法律　第三十五号

第一編　総則〔略〕

第二編　罪

〔第一章～第八章　略〕

第九章　掠奪及強姦の罪

第八十六条　戦地又は帝国軍の占領地に於て住民の財物を掠奪したる者は一年以上の有期懲役に処す

前項の罪を犯すに当り婦女を強姦したるときは無期又は七年以上の懲役に処す

第八十七条　戦場に於て戦死者又は戦傷病者の衣服其の他の財物を掠奪したる者は一年以上の有期懲役に処す

第八十八条　前二条の罪を犯す者人を傷したるときは無期又は七年以上の懲役に処し死に致したるときは死刑又は無期懲役に処す

第八十八条の二　戦地又は帝国軍の占領地に於て婦女を強姦したる者は無期又は一年以上の懲役に処す

前項の罪を犯す者人を傷したるときは無期又は三年以上の懲役に処し死に致したるときは死刑又は無期若は七年以上の懲役に処す

第八十九条　本章の未遂罪は之を罰す

〔中略〕

付則

本法施行の期日は勅令を以て之を定む（昭和一七年勅令第百五十五号を以て同年三月十五日より施行す）本法施行前刑法第二十二章の罪を犯したる者にして第八十八条の二第一項の改正規定に該当するものは本法施行後と雖も告訴あるに在ざれば其の罪を論せず

陸軍刑法　終

編注　一九四二年二月の陸軍刑法加除改正によって改められたものの一つに「第九章　掠奪の罪」がある。新たに「第九章　掠奪及強姦の罪」となり強姦の罪が明記された。さらに改正前の条文に「第八十八条の二」が加えられた。それまで掠奪の罪の中にのみあった強姦罪が単独で条文に盛り込まれた。

この陸軍刑法（手帳）は昭和十七年四月二五日発行のものであるが、一六年六月の簿冊に後年収録されたと思われる

4章　現地の証言

解題

本章では、現地の状況・実態を伝える資料を抜粋して収めた。収録資料はその形態により、おおむね通信検閲報告、抗日ビラ、書翰、日本軍からみた現地報告等の四種類に分類される。以下、各資料について述べる。

通信検閲報告

これらの資料は日本軍（第一四軍）憲兵隊による「治安月報」付録として残された「通信検閲月報」である。憲兵隊は発送される郵便物を検閲し、日本軍にとって都合の悪い内容のものは、「治安上有害なる郵便物」「流言蜚語の虞あるもの」「帝国並皇軍又は其政策を誹謗し若しくは甚たしく誤解しあるもの」等として没収、または部分的に削除したのち発送していた。これらの記録は、事実を隠蔽しようとした意図とはうらはらに、日本軍が実際に何をしたか、現地の人々が日本軍をどう見ていたかを照射する資料となっている。「日本兵は到る処に於て婦女子を追ひ廻し強姦其他の暴行を働ひている」資料112、「当地て数千の住民か殺された」「沢山の綺麗な娘か銃剣て突かれるやら射たれるやら首を切られた」資料117等の生々しい表現がみられる。

抗日ビラ

憲兵隊により押収され、保存された資料である。日本軍占領下におけるフィリピンでは、各地に多くの抗日ゲリラ組織が生まれ、活動していた。日本軍はこれらの人々を「敵匪」「敗匪」と呼び、「討伐」「粛正」を繰り返していたが、その具体的内容についての記述は陣中日誌・戦闘詳報等にはあまり残されていない。しかし、本章に収録した抗日ビラには「日本軍の山地討伐は殺人、強姦、掠奪を作り上げる」資料133、「比島に来て殺したり全部を破壊したりするので自分達は日本は良い国とは思はれない」資料124、「日本軍は家を焼き人を殺し比島の婦女子らも害している」資料128等の記述がみられる。「ゲリラ討伐」においては住民の殺戮、強姦、掠奪がおこなわれていたことから、住民たちが日本軍に対して反感や憎悪を抱いていたことがわかる。

書翰

日本軍憲兵隊による書類綴には書翰も残されている。ここに取り上げた資料は主にフィリピン人の軍人等による書翰であり、いずれも日本軍による残虐な行為、婦女強姦の事実を証言する内容となっている。「飢餓に苦しむ住民の最後の一片の糧食まで掠奪し、其の上残酷なる暴行、無辜なる住民の殺戮、無防備なる婦人を暴行の上裸体にしたり、生れて間もない嬰児を焔の中に放り込んだり」資料132等の行為に対し、「各町村に於ける有りと凡ゆる行為に対して役人の或者さへ日本兵の人道を無視せる行為に抗議を申し立てているのである」（資料132）と報告されている。

日本軍からみた現地報告等

前出の資料以外に当時のフィリピンの状況を伝える資料として、日本軍側の軍政概況報告や訓示、戦後の回想録等を載せた。日本軍は南方政策において何よりもまず占領地の資源獲得を重視しており、第一四軍についても同様で、軍需物資はもちろん食料品、日用品などの生活物資にいたるまで現地調達が求められていた資料120。日本軍によるフィリピン占領期においては、食料を始め、さまざまな生活物資が不足をきたすことは当然のことであった資料121。資料からは、日本軍による「徴発」と称する強奪・掠奪により農村の疲弊化が進み、産業が壊滅するとともに、生活の逼迫状況はその度を増していった資料123ことが読みとれる。

一九四五年の米軍上陸以降、日本軍は「占領地」からの撤退、敗走を余儀なくされた。日本軍将官による戦後回想録資料134には、「現地自活」という名目のもと、食糧確保に奔走するも、実際はマラリヤなど熱病や栄養失調、餓死との戦いであった様子が記されている。同時に日本軍がフィリピン住民をいかに苦しめたかをうかがわせる記述もみられる。

資料109 抗日伝単―風刺漫画

『昭和一七・四～一七・五 イロイロ憲兵派遣隊警務書類綴1／2』（比島防衛536）

一野憲高第一六〇号

抗日伝単撒布に関する件報告

「通牒」

昭和十七年五月十九日

第一野戦憲兵隊長大田清一

第十四軍司令官 本間雅晴殿

首題の件左記報告「通牒」す

左記

一、発見日時場所並発見者

日時＝五月十八日七時三十分頃（別紙其一）

五月十八日二十時頃（別紙其二）

〔中略〕

二、伝単内容

別紙其一、其二の如く何れも表面には反日記事を「タイプ」を以て印刷し裏面には悪質なる風刺漫画を掲載しあり

〔後略〕

編注 「抗日伝単」の「伝単」とは宣伝ビラのこと。

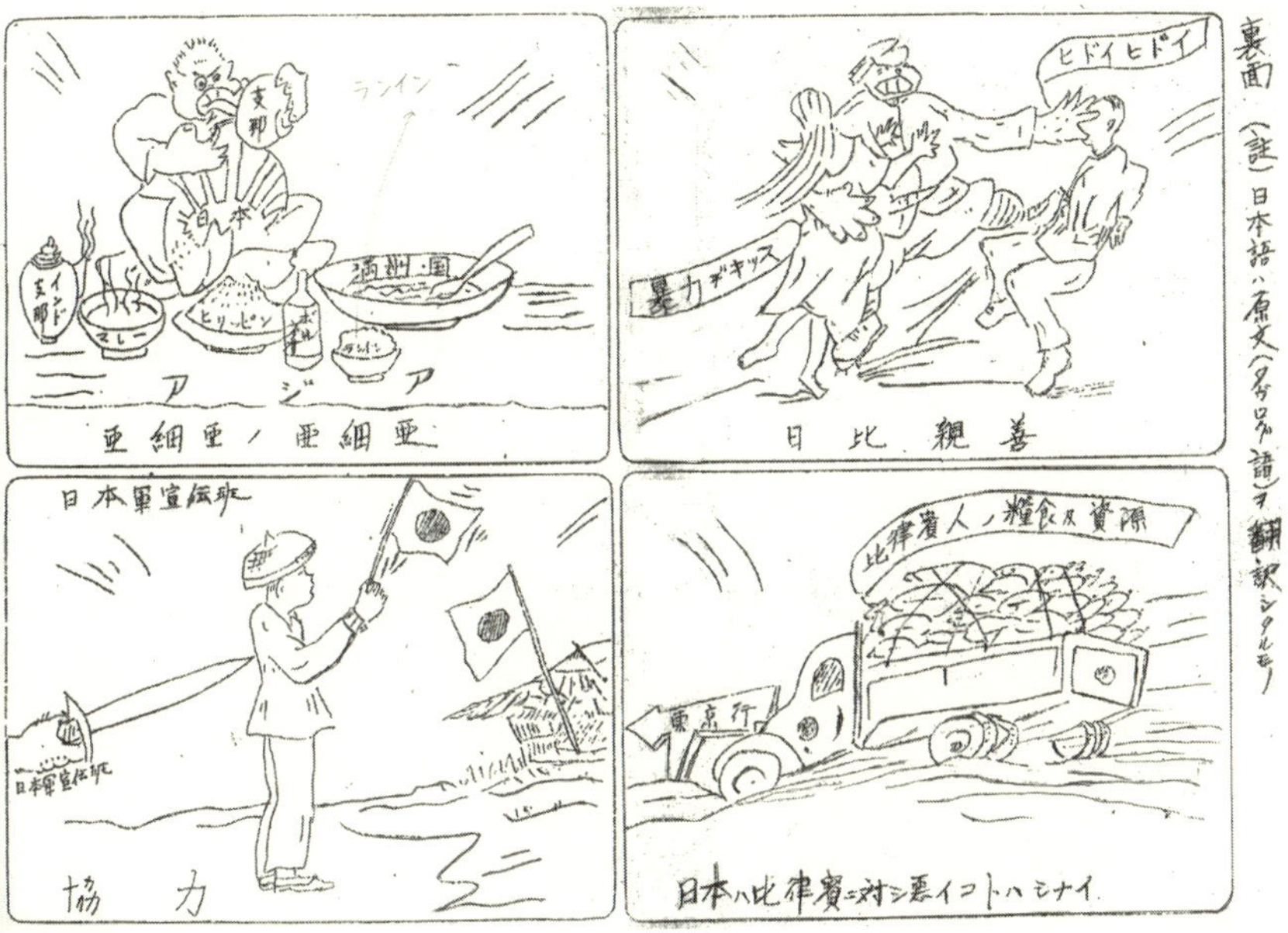

裏面（註）日本語ハ原文（英語）ヲ翻訳セルモノ

資料110 通信検閲標準

『昭和一七・一〜一八・一一 パラワン憲兵分隊警務書類綴乙』（比島防衛584）

比憲高第三六九号

通信検閲標準送付の件

昭和十七年十月二十七日　　比島憲兵隊本部警務課

パラワン憲兵分隊御中

首題の件別紙送付す

追而《おって》本標準は初心者に対する教育資料として作業せしめたるものにして研究の余地少からさるも一応参考に資せられ度

発送先

隊下乙

通信検閲標準〔抄〕　　昭和十七・一〇・二〇　比憲本部

区分	標準（一例に過きす）	処分
諜報、宣伝、謀略、陰謀等不穏策動の疑ひあるもの	1、暗号、記号、略号等を使用せるもの 2、秘密インク等を使用せるもの 3、文意不明なるか又は前後より判断し諜報謀略等の疑ひあるもの 〔4〜5　略〕等	全部没収

区分		項目	内容	処置
一般比人郵便検閲	治安上有害なる郵便物	流言蜚語の虞あるもの	1、米軍再来に関するもの 2、戦禍に依る生活苦を誇張せるもの 3、日本軍人の暴行掠奪強姦等に関するもの 4、治安甚たしく不良なることを記せるもの　等	右同
		〔通信用語・暗号等に関する禁止制限事項に違反するもの等四項目略〕		
		其他治安上有害なるもの	1、日本軍のため掠奪、強姦等を為されたりとするもの 2、軍政施策上有害なるもの　等	右同
	思想動向観察上注意を要する郵便物	日本依存又は日比親善を証するか如き事項	1、日本指導下に新比島建設に邁進せんとするもの 2、日本は東洋の盟主なりとするもの 3、日本軍隊を賞讃するもの 4、日本軍駐屯を熱望するもの　等	発送
		米軍依存心理を証する事項	1、米政権下を謳歌するもの （政治、経済、社会生活、其他） 〔後略〕	没収又は削除発送
		〔軍政謳歌又は離反の証となるへき事項・其他政治経済上参考となるへき事項二項目略〕		民意動向観察資料とす　有害個所削除発送
	〔作戦並治安粛正上利用し得へき通信物（1～4）略〕			没収
〔電報及邦人郵便検閲・六項目略〕				

資料111 郵便検閲―強姦はたせず激昂、暴行をなし

『昭和一七・五〜一七・六　イロイロ憲兵派遣隊警務書類綴　2／2』（比島防衛537）

一野憲第一七八号

郵便検閲月報に関する件報告「通牒」

昭和十七年六月五日

第一野戦憲兵隊長　大田清一

第十四軍司令官　本間雅晴殿

首題の件左記報告「通牒」す

左記

一、一般状況〔略〕
二、郵便検閲より見たる治安状況〔略〕
三、郵便検閲より観たる住民の思想動向〔略〕
四、作戦並に治安粛正上利用し得へき通信物〔略〕

別紙其の二

思想動向観察上注意を要する郵便物概況表〔抄〕　昭和一七・六・一　第一野戦憲兵隊本部

区分	内容	発信人 住所氏名	受信人 住所氏名	憲兵の処置	
				行政	司法

其他政治経済上参考となるべき事項	先日一日本軍人が「マクリス」村に来りコンスエロ　レイエスを捕へ強姦せんとするも彼女は必死に抵抗し負傷せしも遂に未遂に終れり　軍人は激昂し彼女の自宅に至り暴行をなし家具什器等を破壊せり	市内警察第二十九区派出所長　シリロ　アバカ	大日本憲兵隊	発送	

『昭和十七年　イロイロ憲兵分隊警務書類綴1／2』（比島防衛526）

資料112　郵便検閲―婦女子を追ひ廻し強姦

比憲高第三八九号　昭和十七年十一月十日

治安月報（十月）

治安月報付録（第二）

通信検閲月報（十月分・一般比人）

第十四軍憲兵隊

十月中郵便検閲主要処分状況一覧表〔抄〕　昭和一七・一一・一

第十四軍憲本

区分	内容	発信者	受信者	憲兵処置 行政	憲兵処置 司法
帝国並皇軍又は其の政策を誹謗し若くは甚しく誤解しあるもの	私は日本兵の乱暴は予想以上なので驚いた、日本兵は到る処に於て婦女子を追ひ廻し強姦其他の暴行を働らいている	「サマール」州「カタルマン」村 ルシアス バルホレ	「ラウエオン」州「アゴ」村 レオンシオ ラモス	没収	
其他治安上有害なる郵便物	最初私共は「南カマリネス」州に避難したけれとも「ナガ」町に於て日本兵か比人婦女子を強姦しあるを目撃した　云々	「アルバイ」州「レガスピー」町 ロサリオ メビカ	「イロイロ」市「フロラ」M デンソン夫人	右同	

『昭和十八年　タクロバン憲兵分隊警務書類』（比島防衛567）

資料113　郵便検閲―治安上有害なる郵便物

治安月報付録第二

別紙其一

郵便検閲月報（四月一般比人）　第十四軍憲兵隊

治安上有害なる郵便物概況表〔抄〕　昭和一八・四・三〇　第十四軍憲兵隊本部

区分	内容要旨	発信人住所氏名	受信人住所氏名	憲兵の処置 行政	憲兵の処置 司法
流言蜚語の虞あるもの	〔前略〕「マニラ」では総ての食料品は日本人か取つた、其の上工場を彼等か経営している、米軍か既に降伏したので当地には戦はない、獣欲主義たる日本人は目下「マニラ」に居る噂によると米軍か「マニラ」に近ついている東京及独乙か取られたことは人か知つて居る、日本人か当地て何をするかが心配てす	マニラ市マカテ区A・ボニファショ街某	ソルソゴン州ピラル町某	没収	内偵
帝国並皇軍又は其の政策を誹謗し若は甚しく誤解しあるもの	貴殿は我々に何等得る所のない共栄圏なるものを讃へ産物を持出　現在の如き日用品不足を来さしめた　貴殿か日本から輸入したもので明日に必要品と認められるものは日本の商売女たけた、貴殿は統制された機関をして光栄ある比島の独立を約束された事を報せしめて居るか吾々は笑ふのみてす　我々は米国指導の下に真に	税務署内某	大日本軍政監	没収	内偵

	「テモクラシー」の国民であり凡ての個人か各々自由と幸福を持つて居た〔後略〕				
	〔前略〕比人と日本兵か私の家に侵入して来て手当り次第に掠奪し又とても人間には為し得ない様な残酷な行為をしました、彼等は何か私を疑つたものてしたかそれは実際は無実のものてした	南カマリネス州ナガ町 某	マニラ市プラサモラガ 某	没収	
米国依存思想の極端なるもの	米軍よ!!何卒帰つて来て呉れ「スペイン」は私共に教育及宗教を与へた「アメリカ」は科学文明及民主化の政府を与へた然し日本は「退化」を教へて呉れた又淫売、私有財産を盗むことを教へた例へは必需品たる炊事用油、石鹸、砂糖、米、塩、煙草、薬品等は全部日本自身我々より取上けて居る　帰つて呉れ!!米軍よ　それて惨酷《ざんこく》なる強盗日本より救つてくれ日本人は比人を殺しいぢめている、日本は私達の経済を統制した　彼等は食料品を比島に持つて行く日本人か毎日々々盗て居るから日か経つにつれて比人の生活か困難になりつゝある、米軍よ何卒帰つて来て呉れ	無名	マニラ市ツリビュン紙	没収	内偵

資料114 郵便検閲―比律賓人は痩せて日本人が肥る

『昭和十八年 タクロバン憲兵分隊警務書類』（比島防衛567）

治安月報付録第一

郵便検閲月報（五月比島外向） 第十四軍憲兵隊

治安月報（五月）

治安月報付録第二 郵便検閲月報（五月 一般比人） 第十四軍憲兵隊

別紙其一

五月中比島外向郵便検閲処分内容一覧表〔抄〕昭和一八・五・三一調 第一四軍憲兵隊本部

区分	月	発信者	受信者	内容	憲兵の処置 行政	憲兵の処置 司法
其他防諜並軍政上有害なる事項	五・六	マニラ市バグンバヤン区某	鹿児島県日置郡伊作町某	前略「一体マニラに来て居る日本人は贅沢た酒は呑む女は買ふダンスに夢中になるなんて面白くない奴か多い民間にも多いか軍属に多い様た まるてマニラに遊ひに来て居るみたいて時には奴鳴《ママ》つてやり度位に思ふ夜十二時頃酔払つて歩いて居る奴に限つて日本人た 比律賓《フィリピン》人は痩せて日本人か肥ると	「」内削除発送	

				か云ふ流行歌か流行して居るとか苦々しい限りたと思ふ」私の社の連中は皆しつかりして居る宴会をやらうなんて事もない「話に依ると他の会社の連中は毎晩の様に宴会らしい」後略		
其他防諜並軍政上有害なる事項	五・二六	マニラ市ユスコリアタ街 鯛生産業 某	宮崎県宮崎市 某	前略 女も西洋人は我々より大きい位た 内地から来た「淫売も相当な数に上りませうか之等は将校さん専用て」我々には配給にはなりません 後略	右同	

治安上有害なる郵便物概況表 昭和一八・五・三一調 第一四軍憲兵隊

区分	内容	発信人住所氏名	受信人住所氏名	憲兵の処置 行政	憲兵の処置 司法
帝国並皇軍又は其政策を誹謗し若しくは甚だしく誤解しあるもの	日本軍が「マニラ」に来て兵隊は婦人の後ばかりつけて居た、私はとても驚いた〔後略〕	マニラ市 比律賓女子大学 某	アルバイ州 ポランギイ町 某	没収	

資料115 郵便検閲—邦人にも慰安設備が欲しい

『昭和一八・五～一八・六　イロイロ憲兵分隊警務書類綴』（比島防衛531）

治安月報付録第一　第十四軍憲兵隊

郵便検閲月報（五月比島外向）

別紙

五月中比島外向郵便検閲処分内容一覧表〔抄〕昭和一八・五・三一調　第十四軍憲兵隊本部

区分	月日	発信者	受信者	内容	憲兵の処置 行政	憲兵の処置 司法
其他防諜並軍政上有害なる事項	五・一二	マニラ市サンマリセリノ台湾電力某	台中州新高郡日月潭第二発電所某	前略 現在マニラは以前程我々在留邦人にとつて面白い所てはありません勇士の血を以て得られた土地を面白いとか面白くないとか云ふ事は言語同断《ママ》てすか「長期の建設戦をやる邦人にも少し位慰安設備か欲しいてす軍人軍属には慰安所兵站指定食堂及カフエー等あり邦人も大目（寛大の意）に見て貰らひ出入りして居ましたか邦人の方か金廻り良く札束て女給の頬を	「」内削除発送	

				打ったりするので軍人か持てんと云ふ訳て出入禁止てす」〔後略〕		

資料116　郵便検閲―裸の儘で広場に立たされる

『昭和十八年　タクロバン憲兵分隊警務書類綴』（比島防衛568）

比憲高第四九三号

第十四軍憲兵隊長

昭和十八年八月十五日

治安月報（七月）提出に関する件報告「通牒」

七月中に於ける管内治安状況別冊の通り報告「通牒」す

治安月報付録第二

郵便検閲月報（七月一般住民）

別紙其の一

治安上有害なる郵便物概況表〔抄〕　昭和一八・七・三一調　第十四軍憲兵隊本部

区分	内容要旨	発信人住所氏名	受信人住所氏名	憲兵の処置 行政	憲兵の処置 司法
	前米極東軍の軍人の家族は目下「マニ				

帝国並皇軍又は其の政策を誹謗し若くは甚たしく誤解しあるもの	ラ」で苦労している 貴方が帰つて来たのは良かつた　何故ならば日本軍が此等軍人の妻に何をやるかも知れないからである 「マスバテ」に於ても同じ様な事をするかも知れない「マスバテ」では六か月間も眠らず砲声許り聞いた〔中略〕日本人は酷い、少しでも間違つたことをやつたら裸の儘で広場に立たされる其の様に日本人が酷いので私は町に帰るのが嫌だが山奥に在つて日本軍と戦つている　ソイロ・アルシヤ、アルモヒテが私に銃を貸して呉れたので私は町に帰つて来た	マスバテ州 マスバテ町 某	アルバイ州 カタシルアネス町 某	没収	

資料117　通信検閲―無辜《むこ》の住民が沢山日本兵に殺害された

『昭和十八年八月十一日〜十八年十月二十日　イロイロ憲兵分隊警務書類綴』（比島防衛532）

通信検閲月報（自九月一日至九月三十日）

イロイロ憲兵分隊

九月中に於ける通信（比人）処分表〔抄〕

区分	内容	発信人住所氏名	受信人住所氏名	憲兵の処置 行政	憲兵の処置 司法
流言蜚語の虞あるもの	当地の「ゲリラ」敗残兵の情報を記した此の書を入手されたら貴方は必す興味を持たれる事と信します「ハニワイ」町に行く「テグバワン」橋梁にて比島兵と日本兵と交戦した際結局無辜《むこ》の住民か沢山日本軍に殺害された此の様に一度日本軍と比島軍か交戦するや何処の部落と云はす付近の住民は日本兵により皆殺しにされ大被害を蒙るのてす日本軍は最早勘忍袋の緒を切つたのてす　そして彼等は今「イロイロ」州某部落の討伐を行つて居ます「ミヤガオ」「テグバワン」「アルモヂヤン」に於ては数千の無辜の住民か首を刎られました此の様に無辜の住民を巻添へにするのは全く気の毒て熟慮して貰ひたいのですか吾々としては何うする事も出来ません「アルモヂヤン」は降伏したのてす　同地には一軒の家もなく教会さへ焼払はれたのてす此の次に日本軍討伐の結果の情報を御知らせします尚当地は生活必需品は暴騰して総て高いのてす　弾丸一発は七仙た唯の七仙て人間の生命は奪はれるのた一羽の鶏か人間一人	「イロイロ」州「パピヤ」宣伝班配属警察官 パリショ ランカル	「マニラ」市「トロソ」区「マグダレナ」街 ヘラロン ヤプ	没収	

	より高価なのた此れか戦時の生活てす　云々				
右同	母上誠に残念な事に「シピタン」にある吾々の総ての品物は失くなりました箪笥、鏡、椅子、卓子、食器其他沢山の家財道具等焼却されました　云々	「イロイロ」州「サンミゲル」町 リリ ヂュラン	「マニラ」市「サンタクロス」区「オロタギ」街 エレナ シュリバン	没収	
	「イロイロ」の生活は「マニラ」の様てはありません物価の暴騰て悲惨なものてす　私達の家財道具や衣類は総て焼かれました　私達か「マニラ」を出発する時日本軍は乗船するのを拒絶し一週間以上も七号桟橋に寝泊りしました当地は「ゲリラ」分子か出没し非常に危険てす	「イロイロ」市「ハロ」町「ザンバク」 エヌホ ブナセ	「マニラ」市「パサイ」区「ハリソンプログレス」街 アルトロ ケエス	没収	
	私は日本軍の探偵てある見聞事項を記す　ジョンより当地て先週数千の住民か殺された　彼等は全く無辜の全然比律賓兵と無関係の住民てある私か日本軍と一緒に山に行き目撃した事実を述へると「ミヤガオ」「テグバワン」の某部落に於ては唯一部落て三百人以上の住民か殺された　老人、若者、子供と云はす前記の二村に於て恐らく千人以上の死者を数へられるだらう「イグバラス」に於て約三百名「アル	「イロイロ」市 日本軍宣伝班 パシリオ ロネヤル	「マニラ」市「サンパロック」区「ダルデサバル」二四〇 ホワン カンテリア	没収	

	モヂヤン」に於て約五百名「テグバワン」に於て約七百名「オトン」に於て約四百名の死者か出て居る様てすか私は未た其の情報に接しません、今月私は再ひ日本軍の討伐に参加したか沢山の綺麗な娘か銃剣て突かれるやら射たれるやら首を切られた　イドルよ当地の生活は実に惨憺たるものた　可愛想なのは商人てある所持せる緊急紙幣は皆破り棄てられる云々				

資料118　郵便検閲―女子供が七〇名も殺された

『昭和十八年　タクロバン憲兵分隊警務書類綴』（比島防衛568）

治安月報付録第一

郵便検閲月報（九月一般住民）

第十四軍憲兵隊

〔前略〕

別紙其の一

治安上有害なる郵便物概況表（九月中）　昭和一八・九・三〇調

第十四軍憲兵隊

区分	内容要旨	発信人 住所氏名	受信人 住所氏名	憲兵の処置 行政	憲兵の処置 司法

帝国並皇軍又は其政策を誹謗し若くは甚たしく誤解しあるもの	貴方が「テガオン」町に帰るのは暫く見合せて下さい、先日日本軍が討伐した時女小供が七十名も殺されたそうです	南カマリネス州 テガオン町 某	マニラ市 パサイ区 某	没収	
其の他治安上有害なる郵便物	〔前略〕日本軍も常に警戒していざと謂ふ場合に備へています　此方面では「パンパンガ」の人間が発見されれば皆銃殺されます、それは「パンパンガ」州「アンヘレス」から来た者共に日本の大尉の死に対する責任があるからです「カンダバ」の現町長は「ゲリラ」と共謀したといふ容疑で首を切られました　此の事件が起つてから其の時に且て其の場所から人々は集合を命ぜられ起立の上彼等は最後の一人が倒れる迄皆射撃されました	ブラカン州 バリワグ町 某	マニラ市 サンパロク区 ベルダド街 某	没収	

編注　「パンパンガ」州「カンダバ」町長の事例は、直接強姦事件の記述はないが、この辺りは抗日共産匪の勢力が強いとされる地域であった。一九四二年にカンダバ地域では「マパニケ討伐」があった。四四年一一月二三日には、再度大掛かりな「マパニケ討伐」があり、たくさんの住民が殺され女性の多くが強姦される。同事件については『日本占領下フィリピンにおける日本軍性暴力—第五章マパニケ事件史料・被害者マキシマ・レガラ証言』（私家版）参照。

資料119　ダバオ付近に於ける軍政実施の状況

『陸亜密大日記』昭和十七年　第九号1／3（陸軍省陸亜密大日記S17－20）

軍政実施概況報告　第二号

昭和一七・一・二九　第十四軍司令部

〔前略〕

第六、「ダバオ」付近に於ける軍政実施の状況

一、占領当時の一般状況

住民の大部は逃亡し占領直後には開戦以来監禁せられありし一万八千の在留邦人の外殆んと住民の姿を見す

占領前予め物資を隠匿し日本軍の進入に備へたる為と第十六軍坂口支隊の活発なる徴発並に相次く海軍部隊の上陸不逞邦人の掠奪等に依り戦前己に不足を告けありし物資特に食糧は極度に欠乏情態に達せり

物資の散逸を防止し価格騰貴を抑圧し経済状態の激変を予防すへく予め計画しありしも殆んと策の施すへき余地なき情態に陥りたり

〔中略〕　住民は宣伝ビラ、ポスター等に依る宣伝と良民証の交付及之に伴ふ宣撫に依り逐次復帰し平静に復したるも食糧不足のため再び市外農耕地に移住するもの続出せり

二、食糧対策

〔中略〕

食料品配給の重要度は軍　居留民　比人の順位とす

現在の集積量は比米の外に「マイス」麦粉、豆類等を混用し一日一人約二合とし約二ヵ月量なるも別紙

計画に基き己に増産に着手し之か収穫に依り辛ふして自給自足をなし得資産の配当に関しては目下審重《ママ》研究中なり

〔三、四、五　略〕

六、産業

一、農業

米穀増産により自給自足を目標とし前述せる如く計画的に増産に着手せり

二、魚業

日本人の独占とし海軍側の許可制に依り居留民団をして日本人漁夫を集団的に従事せしめつゝあり〔後略〕

三、商業

華僑の退歩著しく日本人の商店の発展を図りつゝあり

其の他前述の如し

〔四　略〕

七、民族

〔1. 2. 略〕

3. 在留邦人

一般に教養に乏しく軍の占領を機会に不法に比人を圧迫し不逞を働くもの極めて多し、之等不逞邦人の取締は今後の重大課題なりとす〔後略〕

資料120　陸軍大臣訓示

『昭和一七・一〇・一三　昭和十八年タクロバン憲兵分隊訓令訓示綴』（比島防衛554）

軍政総監軍政監等会同席上に於ける　陸軍大臣訓示（写）

南方軍政は予期の如き進展を続け今や新機構の整備と共に更に一大飛躍を遂けんとするの秋茲《ここ》に諸官を会同して所懐を開陳するの機を得たるは特に本官の欣快とする所なり〔中略〕

〔一〜四　略〕

五、経済戦力の増強と敵産処理に就て

米英か最後の勝利を夢みて反攻の機を窺ひあるもの一に彼等の有する経済戦力特に其の生産力に依拠す帝国か此の敵を圧伏して戦勝を獲得せんか為には経済戦力の飛躍的増強を以て一大要件と為す

而して帝国経済戦力増強の為南方地域の占むる絶対的地位に関しては茲に贅言《ぜいげん》を要せさる所而も開戦以来国内主産の実績は必すしも楽観を許ささるの状況に在るを以て南方地域に期待する所愈々大を加ふるに拘らす人員資材の供出は十分之に応し得さるの状況に在り諸官宜しく上述の諸点を認識し人少の困難を克服し現地施設資材の利用に工夫を凝し生産必需物資に関しては南域各地の交流に依り極力之か自給を図り財政に関しては速に之か自立の実現を期する等極力国内負担を軽減しつつ帝国経済力の増強に寄与する如く諸般の施策を進むるを要す

而して敵産処理に関しては敵国及敵国人の財産にして帝国の戦力培養及敵側の復活封止の為必要なるものは之を抜本的に処理して帝国に帰属せしむると共に適切なる経営形態を整へ以て戦争完遂に寄与する如く決定せられ其の具体的方策に関しては逐次之を示達すへきも速に敵産の調査を行ふと共に特に業者の指導に方り其の根本方針に悖らさる如く厳に注意を倍蓰《ばいし》するを要す

〔六、七　略〕

之を要するに聖戦完遂の成否は一に懸りて今後に在り諸官宜しく内外の大勢を察し南方軍政の地位愈々重大なるを銘肝し克く本官の意を体し各々上長を輔佐して軍政施行に当り諸般の施策を挙げて今日及今後に於ける大東亜戦争完遂の一点に結集せしめ以て聖戦目的の達成に邁進せんことを期すへし

右訓示す

昭和十七年十月十三日

陸軍大臣　東条英機

『昭和十七年　比島憲兵隊綴列車警乗服務規定他』（比島全般292）

資料121　通牒―マニラ市民の生活実相

比憲高第四六六号

年末を控へたる「マニラ」市民の生活実相に関する件報告「通牒」

昭和十七年十二月十一日　比島憲兵隊長　長浜　彰

首題の件左記報告「通牒」す

左　記

旨
1. 失業者は十一月末現在約九万人（登録者　三二、一〇八人　未登録者六〇、〇〇〇人）にして其の扶養家族を計上せば約三十数万人と推せられ「マニラ」に逃避するものゝ増加と相俟て逐日増加

要

の傾向にあり

2. 生活必需物資の品枯見越の思惑より諸物価は鰻上りに上騰十一月末現在に於ける主要生活物価指数は戦前一〇〇に対し平均二九〇なり

之かため窮民は目ぼしき貴重品の売食又は縁者に依食して其の日暮をなしつゝあるも前途の不安と「クリスマス」の切迫、窃盗の増加に社会不安は漸次濃化しつゝあり

一、失業者の状況〔略〕

二、一般市民の収入状況

「マニラ」市全人口約八十万市民の生活様式を区分し戦前と対比せは

戦前　上流三〇%　中流一〇%　下流六〇%

戦後　上流一〇%　中流二〇%　下流七〇%

等上流生活者の大部分は中流以下に転落したるものと推定せられあり

而して各階級の収入状況を概観するに左の如し

〔(イ)〜(ハ)　略〕

(ニ)花柳界就職者（女給、売笑婦、ダンサー等）は戦前に比し稍《ヤヤ》増収あるも日本娘進出以来打撃深刻にして収入は減退しつゝあり

〔(ホ)　略〕

三、物価騰貴の状況〔略〕

四、生活逼迫状況

物価騰貴及ひ収入減に依り従来の市民生活様式より急角度の切下を余儀なからしめあり殊に失業者の生活は著しく逼迫し所有家具其他身回り物品を売却し或は親族、知己に頼りて糊口を凌《しの》く等漸次行詰り子女は

売笑婦又は女給に進出し青年は夜盗化するもの少からさる模様なり〔後略〕

別紙第三

職業別収入比較調査表〔抄〕

職業	収入		摘要
	戦前	戦後	
官吏	月五〇〇比　一五〇　四〇	月三〇〇　一〇〇比　四〇	一般食料品仲買に転業するもの多し
公吏	日九〇〇　一五〇比　四〇	月四〇〇　七〇比　三五	右同
銀行員	月二、〇〇〇　四〇〇比　三〇	六〇〇　二〇〇比　三〇	右同
一般労働者	日一比	日一比	月平均二十五比位なり
女給	月一〇比	月一〇〇比	
慰安婦	日	日一五比	日平均六比位にして良好なり
一般雑貨仲買	月一五〇比	月八〇比	一定せさるも平均収入なり
ペンキ屋	日五比　三比	三比　一・五比	目下の処不振の状態なり
備考	本調査特定人に対する調査にして全般的平均額に非ず		

資料122　物資不足物価昂騰に基因する生活難（イロイロ）

『十八年八月二日〜十八年十月二十日　イロイロ憲兵分隊警務書類綴』（比島防衛532）

イロイロ憲高第三〇六号

治安日報提出の件　報告

昭和十八年十月一日イロイロ憲兵分隊長

イロイロ憲兵分隊

治安月報（自九月一日至九月三十日）

総合判決

1.「イロイロ」州敗匪は四散逃走し目下集団的反抗なし

然れ共幹部は依然地下に潜入機を窮《ママ》ひあるもの丶如し

2. 物資不足物価昂騰に基因する生活難は遂《ママ》月深刻となり此れか善処方を要望せられあり

3. 独立問題に関しては熱意に乏しく当面の生活安定のみを云々しあり

4. 思想動向逆睹し難きものあり警視を要す

一、一般状況

1. 発生事件より観たる治安観察

九月中憲兵の知得せる治安関係発生事件は（イロイロ州のみ）

匪襲二件（軍関係一件）

テロ四件

破壊二件

計八件にして前月と差違なし

詳細別紙第一、第二、の如し

「注」

僻地分硝に対する匪襲相当あるも詳細不明

2. 兵匪の状況

兵団は引続き戦闘指令所を「イロイロ」市に置き「イロイロ」州東北地区に匪首並無電機を求め果敢なる討伐を継続中なり

此為「イロイロ」周辺地区の敗匪は四散逃走し集団的陽動其跡を絶ち投降者続出の状況にあり然れ共第六軍団長ペラルタ中佐は「カピス」州西北地区にあるものゝ如く第六十一師団長レルニヤ中佐参謀長チャベス中佐、司政長官トマス・コンフエソルは我か討伐隊の急襲以来遙として其の足跡を秘し地下に潜入機を窮《ママ》ひあるものゝ如く、少数敗匪は依然討伐の間隙に乗し留守部隊の出先分硝襲撃等を企図し其の勢未た軽視し得す

3. 経済情勢よりする治安観察

物資の不足物価の昂騰は停止するところを知らす

加ふるに粛正討伐の進展に伴ひ軍警備地区内に移行するもの激増し「ナリック」「プリムコ」等に依る配給額に於ては市井価格の昂騰を抑制し得す此れか入手難を訴ふる声逐月増加し生活必需物資の増配市井価格の抑制方を要望しあり

物価は前月に比し二割乃至五割の値上りを示しあり

〔後略〕

資料123 通牒—生活逼迫を続ける民衆の動向（バヨンボン）

『昭和十八年〜十九年　バヨンボン憲兵分隊特務日誌』（比島防衛596）

〔バヨンボン憲高第　号〕　昭和一九年一月

生活逼迫を続ける民衆の動向に干する件

報告「通牒」

バヨン〔ボン〕隊長

要旨

独立二か月の現在に於ける管内民衆の生活実相は逼迫□加の一途に在り殊に生活必需物価の騰貴並品薄は依然たるものありて中流以下民衆の生活に大なる脅威を與へつゝあり

更に之に基《ママ》因する民衆の思想動向には漸次悪化の兆を窺はれ一部民衆の官僚独善乃至は施政は緩慢なりとする声台頭しつゝある等治安上相当の注意を要するものあり動向厳視中

状況左記報告「通牒」す

〔後略〕

別表第一

生活必需品物償騰貴比較表

バヨンボン憲兵分隊

単位	価格	品目				
		三月末	五月末	七月末	十月末	十二月末
ワイシャツ	一枚	八〇〇	八〇〇	一二〇〇	二五〇〇	四〇〇〇
カーキ生地	〃	一四〇〇	一四〇〇	二〇〇〇	三〇〇〇	三〇〇〇

白服地綿	一米	一〇〇〇	一〇〇〇	一五〇〇	一八〇〇	二〇〇〇
ハンカチ	一枚	一二〇	一六〇	二〇〇	二七〇	三〇〇
化粧石鹸	一個	一〇〇	一五〇	一五〇	一八〇	二〇〇
洗濯石鹸	一本	四〇〇	五〇〇	八〇〇	一〇五〇	一五〇〇
バナ、	一〇〇本	一二〇	一五〇	一五〇	三〇〇	四〇〇
牛肉	一瓩	八〇	一二〇	二三〇	三〇〇	三〇〇
水牛肉	〃	五〇	八〇	一〇〇	二〇〇	二〇〇
鶏肉	一羽	一〇〇	一二〇	一五〇	三〇〇	五〇〇
豚肉	一瓩	八〇	一二〇	二三〇	三〇〇	三〇〇
乾魚	一瓩	七〇	一〇〇	二〇〇	五〇〇	六〇〇
食用油	半瓩	七〇	一五〇	なし	なし	なし
鶏卵	一個	〇五	〇八	一〇	二〇	三〇
食塩	一ガンタ	四〇	一五〇	四〇〇	四〇〇	五五〇
砂糖	一瓩	七〇	一五〇	なし	なし	なし
野菜	〃	九〇	一〇〇	一二〇	一八〇	二〇〇
南京豆	一ガンタ	一五	八〇	二〇〇	三〇〇	五〇〇
コーヒ	〃	四〇〇	六〇〇	一五〇〇	二〇〇〇	二六〇〇
備考	一、本表は「ヌエババビスカヤ」州市場の価格を示す					

資料124　宣伝文―日本軍は自分達の食物を取り婦女子を強姦し

『昭和十七年　イロイロ憲兵分隊警務書類綴　2／2』（比島防衛527）

比憲高第三九五号

「ガナップ」党を離反せしめんとする策動に関する件報告「通牒」

昭和十七年十一月十五日

比島憲兵隊長　長浜彰

第十四軍司令官田中静壱殿

主題の件左記報告「通牒」す

左記

一、概況

十一月八日「ヌエバエシハ」州「ケソン」町路上に「ガナップ」党員は日本軍政に協力すへからす等と記載せる宣伝文を撒布せるものあり憲兵は之か回収に努むると共に犯人捜査中なるも共産匪の策動なるもの丶如し

二、宣伝文の内容

〔前略〕「ガナップ」党に日本軍より離反せしめんとするものにして全文別紙第一、第二の如し〔後略〕

別紙第二

一、血を分けた兄弟の「ガナップ」よ〔略〕

二、お前達「ガナップ」か寄付を募れば心から如何なる事か有つてもやるではないか

〔中略〕

お前達「ガナップ」党は「日本と云ふ国は良い国だ」と新聞に書いた　新聞を或る比律賓《フィリピン》人か見て其れは

虚《ママ》だと言つた処かお前達は同し比律賓人て日本に協力して他の比律賓人と戦ふのではないか其れから「ガナツプ」党か幾度となく新聞に「日本は良い国て此の比島を日本政府の様にする」と書いたではないか
何故日本は良い国た比島に来て殺したり全部を破壊したりするので自分達は日本は良い国とは思はれない
三、それだから自分達は日本と戦ふのだ
日本軍は自分達の食物を取り婦女子を強姦し町の住民を困らすではないか又学校を破壊したりするてはないか
糞を本の上にしたり全体の住民に話をさせない様に留めるではないか全部の党派を壊したではないか金持と貧乏人との区別はないし日本軍人は人々をいじめるではないかそして党派を全部止めさしたではないか
金持も貧乏人も何等区別なく日本軍人は人を困らせるではないか
以前の政府は人を取調へて其後に於て罪を言渡すのに現在の政府は何も彼も総て銃剣を以て法律として居るのである其れは大変な違いてある
お前達の党は以前に日本軍の為に活躍して居たにも拘らす現在の処日本軍はお前達の党を保護して居ないそして他の比島人と同様に冷酷てはないか又日本軍は比人の家も焼き益々困らせるのみてあるそれてもお前達は日本軍に贔屓《ひいき》をするのか
又日本軍は婦女子を強姦もするではないか決して日本軍はお前達を良くは思つて居ないそして現在日本軍は悪い事をしているのに日本政府は良いもの、様に思つている
お前達は一派の人間てはないかそれで動物と同し様に日本軍か取扱を為しているのか感しないのか〔後略〕

日本軍に戦ふ比島
昭和一七年九月十八日

資料125 「ゲリラ」隊司令部覚書

『昭和一七・一二・三～一八・一・一〇　渡集団情報記録綴』（比島防衛1）

渡集参乙第一八三号

渡集団情報記録作第一〇九号（自一二・一一至一二・二〇）

昭和十七年十二月二十二日

渡集団司令部

第一敵匪状及友軍の状況

其の一　要旨〔略〕

其の二　各地方の状況〔略〕

別紙第一

呂宋島に於ける東方中部呂宋「ゲリラ」隊司令部覚書（感謝祭当日に与ふ）十一月二十六日

〔(1)　略〕

(2)左記の方法に依り実施するを望む

〔（a）～（c）　略〕

（d）市内兵営又は町に駐屯する敵側小部隊の一、二若《もしく》は四名か一群となりて夜間外出し食物を探し廻り掠奪を行ひ婦女子を求め居る者を人知れす謀殺するか拉し去る方法を講するも可なり但し敵側に依り報復手段に出てられさる様手掛りとなるものを残さす又完全に踪跡《そうせき》を晦ます事に慎重を期せさるへからす

〔後略〕

T　R　バーカージュニヤー

編注　「ゲリラ」隊司令部覚書の中で「敵側」とは日本軍を指す。

資料126　抗日宣伝文―日本軍隊は婦人を辱めた

『昭和一八・四・一四～一八・六・九　パラワン憲兵分隊警務書類綴』（比島防衛588）

昭和一八・五・二
（レガスピー憲兵報）

発送先
軍司、軍監、同支部、治安部、報道部 荒木、河野、三上、生田各部隊 艦司　写隊下乙

比憲高第二六九号

情　報

原物入手
確度　甲

「ビコール」地方敗残匪は我軍を誹謗し投降を拒否す

四月二十一日北「カマリネス」州「バト」町市場に貼布せる「ビコール」地方「ゲリラ」隊司令官名を以てする抗日宣伝文（英文タイプ刷）内容は「大日本軍に告く」と題し

一、日本軍は我々を盗賊と罵倒し降伏を奨めあるも「ゲリラ」隊は米国により認められ侵略者に抗する崇高なる事業に参加せるものなり

〔二　略〕

三、日本軍隊は「パンパンガ」「ブラカン」州下て婦人を辱めた

〔四～五　略〕

等悪辣不遜なる宣伝をなしあり

詳細別紙訳文のごとし

　註　該文書は貼布後直ちに撤去せり

別　紙

　大日本軍に告く

〔前略〕

諸君の軍隊がかつて抵抗を受けた諸地方に前進した時の諸君は我国の婦人を辱めた公衆に尋ねて見よ特に「ブラカン」州「パンパンガ」の民衆に〔中略〕

「フイリツピン」人は彼自身の国の名誉を持つているそして諸君は次の事を理解しなくてはならない我々は気質として偏見を見過す事は出来ない斯くの如くして諸君は罪ない民衆を引留め苦痛を与へて尚若気の遊びを続けるだろう

我々の信義は前進する何故なら「フイリツピン」人の魂は我々と共に在る我々は諸君の行政方法を近くにして監視している諸君は連日連夜日本の諸都市が爆撃され諸君も又凡てに於て日本に勝る「アメリカ」に対し近く降服すると云ふ事を知っているだろう

「ビコール」地区「ゲリラ」隊戦司令官

フオスチノ　エム　フロール大佐

米軍鷹兵営指揮官

ジユリアン、アレバロ　中尉

資料127 書翰―日本兵は婦女を強姦虐待した

『昭和一八・一・二一～一八・八・三　バゴロド憲兵分隊特務日誌1／2』（比島防衛662）

書翰

西ネグロス州　ファブリカ村長　ホセ　プイ様

〔前略〕

最後に云つて置くか君等か手先に使つて居る巡査自身か丸て匪賊た尚日本兵は「ファブリカ」を去る或る地点に於て婦女を強姦虐待した（即ち女一人に対し二十五人の割合て）

〔後略〕

マリアノ　アバイガン准尉

（ルバトン大尉の命にて）

編注　書翰には日付の記載がないが、「バゴロド憲兵分隊特務日誌1／2」の一九四三年六月一五日付の日誌に綴られている。

資料128 抗日教材並同宣伝資料

『昭和一八・一〇・九～一八・一二・二九　パラワン憲兵分隊警務書類綴』（比島防衛590）

比憲高第六一三号

昭和一八・一〇・二六

（カバナツアン憲兵分隊報）

発送先
軍司、防司、報道部 大場、荒木、河野、高橋、土田各部隊 艦司　隊下乙

抗日国民軍の抗日教材並同宣伝資料

現物入手
確度　甲

〔前略〕

抗日華僑万歳

比律賓共産党

比律賓国へ
全農民へ
全国粋主義者と闘ふ諸君へ

「日本の宣伝に乗る勿れ」

比島に侵入せる日本軍は比島人の総てを掌中に収めんと「ポスター」や宣伝「ビラ」等を撒布し暗躍している　我々はこんな宣伝を盲信してはならない　何故ならは日本軍は比島独立を阻害しているからてある之か証左として日本軍は毎日部落等に行つては住民を捉へ教会に閉込め夜間に至る迄帰宅を許さす又住民を見受次第捉へては説得している若し此んな場合に於て逃亡する者等か有れは厳重なる処刑をなし甚しきは殺害迄している　其れ程迄日本軍は比島人を侮辱して居るのてある
今仮初にも比島人か日本の宣伝に乗つて見よ　それは彼の朝鮮、台湾、満州、支那の様に虐待されなければならぬ金品を強奪され家を焼かれ愛する国を取られ又、婦女子は数限りの鬼畜的侮辱を受けなければならない

〔中略〕

「平和は誰の為か」

〔中略〕
日本軍は警察員教育に急いている
日本軍か警察員に教育している事は平和にするため
共産抗日軍を逮捕する様にと教育している
「誰か不逞分子てあるか」
其れは日本軍及日本てある　日本軍は家を焼き人を殺し比島の婦女子らも害している
故に「平和は誰の為か？」日本軍てはないか
比島の平和を害した者は比島に侵入して来た日本軍てはないか
〔後略〕

抗日新聞社　記者　E・バルソン

資料129　宣伝文—如何に多くの婦女が強姦せられしことか

『昭和一九・一～一九・七　イロイロ憲兵分隊来翰情報綴』（比島防衛543）

来翰情報綴（特高）昭和十九年　自一月至七月

比憲高第五五号

発送先
軍司　第二課、防諜班、防司 荒木、大場、河野、原田 土田、鈴木各部隊 海司　隊下　乙

昭和一九・一・二五
比島憲兵隊本部
イロイロ憲兵分隊

最近に於ける敗匪の動向及比島側の帰順工作状況

総合情報
確度各項記載

〔前略〕

6. 「パンパンガ」州

1. 抗日国民軍

(イ)(ロ) 略〕

(ハ) 「メキシコ」町は付近匪団は一月六日警察官政府要人を誘引すべく内容次の如き宣伝文を同町路上に撒布せり詳細別紙二訳文の如し

別紙第二

国 は 斯 く 呼 ふ

諸君は比律賓人か！ 然り。

〔中略〕

吾々の州警察隊巡査及全政府関係者は日本のものである聞けよ各所に於て悲嘆の叫か起り居るのを？

〔中略〕

諸君は各々比律賓人としての真心を持つて居る筈てある諸君は等しく親愛なる兄弟てある吾々は諸君に呼ひかける。

現在に於ても又過去に於ても凡有経験せし悲惨なる事実は目を覆ふか如きものあり、比島として曾て見さりし出来事てある如何に多くの婦女か強姦せられし事か、諸君も承知の如く其れは少からさる数てある我々の兄弟達も多く戦場に於て戦死している、〔中略〕此の気の毒な人達を如何に想つて居るてあろうか、操を破られて多くの婦女の気持は如何にして償ふへきか、此れ等の偉大なる損失に対する賠償は誰か為すへきか、斯る悲惨を敢へてせし日本軍の為に就職するは何たる事そ、
〔中略〕
吾々の力を全国に波及すへきた、吾々の友よ、共に共に我か愛する国の為に吾々は協力しようてはないか
吾々の計画の成功を祈る
吾々の母国の為に！

資料130　書翰—日本兵に依り犯されし最も非度い犯罪

『昭和十九年度　イロイロ憲兵分隊書類綴』（比島防衛533）

一九四四年一月二七日　於「パナイ」島

「パナイ」島大日本軍　指揮官各位へ
「パナイ」島駐在の日本軍は大きな誤謬《ごびゅう》を犯かし比島民衆を激怒さしているのてある、同軍が吾が民衆に対する公言主張する友誼《ゆうぎ》は全く問題外なり、此の民衆に与へし犯罪行為は過去及現在に於ける日比親善関係の大きな弱点となり民心をして常に怨恨を呼起すへし、
斯かる犯罪行為は日軍当局て了解或は黙認されいるや、日軍の工作は破壊的行為なり、若し当局の了解なくして斯かる犯罪か為され居るのなら今後速やかに中止され度し〔中略〕
日本兵に依り犯されし最も非度い犯罪を左記に印す
①無差別の住民惨殺

②獣欲を満たさんか為の日本兵の婦人に対する凌辱的行為
③「パナイ」討伐に於ける日本兵の比人児童惨殺及殺害的行為
④住民に対する不正なる報復手段
⑤日本兵に依る比島民家の放火
⑥吾か比島婦人に暴行の上赤裸にし一般に曝出す言語同《ママ》断なる行為
⑦根拠理由なくして住民に対する拷問

斯かる行為は日本武士道に於て許し難き悪行の数々にして、無辜なる住民を日本兵の手て血生臭い犠牲にする事は日本国家を陵辱する事てあり日本政治家として決して許さる可き行為にあらす、斯かる残忍なる行為は曾て歴史になく前代未聞なり、若し日本人か東亜民族の真の共栄発展を望むのなら人道主義原則に反した行為は厳重に取締るへきなり

〔中略〕

平和幸福に生活する吾か無抵抗なる民衆に対し此れ以上貴軍人の残虐行為中止を要求する我土地には罪を正当に裁く法庭《ママ》あり、貴兵士の手て法を裁くな、其れは裁判権を横奪し比島共和政府を人形以上の立場にする誠に憂慮すへき行為なり

吾々は日本兵の立派な武士道原則たる陛下へ対する忠誠正義の発揮をし吾か民衆を導かれん事を希望してやまぬ

此の書に依り貴殿は必す熟慮せさるを得ないと吾々は信す、且御互ひに合理出来るやう適宜なる処置を乞ふ

敬具　比人治安維持者

資料131 日本が比島を征服した後何を為したか

『昭和十七年 イロイロ派遣憲兵隊執務参考綴』（比島防衛545）

別紙

◎一、マルコス主義の定義〔二〜六略〕

◎一、社会主義の論理〔二〜五略〕

◎一、弁証論〔二〜七略〕

◎枢軸国は此の戦争に於て何を目的とするや〔略〕

◎「ファシスト」は必す滅亡せん

(1)「ファシスト」軍は財産を掠奪し婦女を強姦す〔(2)〜(4)略〕

◎比島は日本軍に征服された〔略〕

◎日本か比島を征服した後何を為したか

1. 先つ比島の自由主義を壊し又政党を許可せす「ガナップ」、「ナショナリスター」及労働組合を破壊せり

2. 我々の婦女を恥しめ又財産を奪ひ家屋を焼却したり

3. 幾多の比島人を殺害し又は苦しめ其の上「ラジオ」を聴取せしめす我々の耳迄奪へり

4. 比島人に独立を与へ之を好餌に日本に服従せしめんとしている

〔後略〕

編注 資料131は単独で左記の史料の後に綴じられている。
「憲二警第一五号 昭和一九年一月二十九日軍警執務参考資料（第一号）（戦時贈「収」賄罪の解説）憲兵司令部」ファイ

ル表紙には、「昭和十七年イロイロ派遣憲兵隊執務参考綴」とあるが一九四三・四四年の資料もあり、この資料131は四四年一月二九日以降のものと推定される。

資料132　書翰—日本兵の人道を無視せる行為

『昭和十九年度　イロイロ憲兵分隊書類綴』（比島防衛533）

一九四四年四月十六日　於某地

親愛なる知事へ

貴殿四月三日付書翰入手しました。現在の私は多忙にて到底面談する事は不可能てす。此の返事に依り今後要求せる要旨を達成されん事を切望いたします。

私は一比人として地に知られている民衆の被害に対しての懸念憂へは吾々の皆共通しいるの所てある、住民の被害か根源をなし「ゲリラ」か反抗しいる事は勿論貴殿も感付いていられる事と察する、何んとなれは此の敵愾心《てきがいしん》は残酷極りなき日本軍の討伐後其の余波を受けしものにより益々強くなるのてある。平和な耕作地帯に生活しいる民衆の防《ママ》害を為すは何者なるや、「ゲリラ」の蠢動に非す屢々《しばしば》繰返される日本軍討伐の暴行なり。

貴殿の制《ママ》力範囲て日軍に対する改善工作を私は心から信頼する、貴殿達一行か「パナイ」島最高指揮官に面会し日兵の掠奪、殺戮、無辜、無防備なる弱者に対する暴行に関し協議する事は出過きた事てはないと信す

〔中略〕

饑餓に苦しむ住民の最後の一片の糧食まて掠奪し、其の上残酷なる暴行、無辜なる住民の殺戮、無防備なる

婦人を暴行の上裸体にしたり、生れて間もない嬰児を焔の中に放り込んだり、各町村に於ける有りと凡ゆる行為に対して役人の或者さへ日本兵の人道を無視せる行為に抗議を申し立てヽいるのである、〔中略〕
昨年九月より十二月の期間に吾々は敵対行為を避け日軍に対し「パナイ」島より徹《ママ》退する様勧告をなせり、然るに此の休戦期間に行動は開始され無制限なる殺戮暴行はなされたのである
当時は比較的に治安は維持されていた、其の間に日軍は住民の生命財産も無視した悪魔的行為に依り「パナイ」島の一二を除く全町に対し警備隊を設置せり、其れから十二月に何事か惹起したるや？「ゲリラ」は再ひ現れ日本軍のなせる行為に抗議を申込めり、「ゲリラ」は比人であり日軍の残酷な暴行に対し答へたり、「ゲリラ」は比人であり無情無慈悲なる征服者に服《ママ》讐をなせりゲリラは民衆の生命財産の保護者ならん。
貴殿の力を信し吾か民衆に対する改善されん事を再言す、討伐を中止する様日本軍に勧告され度し
〔後略〕

敬具

サルセド少佐

〔ファーミンGカラム　イロイロ知事殿〕

編注　原文は英文でその後に日本語訳が添付されていた。

資料133　宣伝ビラ—日本軍の山地討伐は殺人、強姦、掠奪を作り上げる

『昭和一九・四～一九・七　イロイロ憲兵分隊来翰情報綴』（比島防衛544）

バコロド憲高第一〇四号

昭和一九・五・二九

バコロド憲兵分隊

発送先
隊長 セブ、イロイロ分隊長 山口部隊長 高橋隊長

情報

「ネグロス」島敗匪は小紙片に印刷せる
抗日宣伝「ビラ」を散布す

現物入手
確度　甲

五月二十八日早朝「バコロド」市内市場及公園付近に小紙片に活版を以て印刷せる十九種類の宣伝「ビラ」約三百枚を散布しあるを憲兵押収せり
其の内容別紙の如し
別紙〔抄〕
●日本軍の山地討伐は殺人、強姦、掠奪を作り上げる
●日本が其の将来憂慮している要求を援助する者は誰も無い日本は何物もない
●日本兵でさえも最早日本の宣伝を信じないお前等はそれを信ずるのか

『昭和三十一年四月稿　建武集団終戦記録　元参謀長　岡田安次』（比島防衛796）

資料134　終戦直前に於ける状況

昭和卅一年四月稿

元建武集団参謀長岡田安次

建武集団終戦記録

〔一～四　略〕

五、終戦直前に於ける状況

　四月末以来各隊は現地自活に入りしが、敵及現地人の襲撃、糧食の欠乏、雨期の到来等各種困難なる状況増加し、最初計画せる自活態勢は全く実行し得ず、殊に糧食の入手は極めて困難にして山中に点在せる「ネグリート」蛮族の耕しありし猫額大の甘藷畑に寄食する外なく、少数人員にして忽ち消尽し已むを得ず、甘藷の葉茎を主食し、有毒ならざる凡ゆる動植物を探し求めて、辛うじて死を免れありし状態にて蛇、蜥蜴《とかげ》、蝸牛《かたつむり》、鼠は勿論芋虫、蚯蚓《みみず》迄も食せしが、飢餓に基く栄養失調とマラリヤ、赤痢、脚気等に基く病死者続出し、七月以降に於ては将兵の総てが近距離の歩行すら困難を感じ、死の直前の様相を呈するに至る。但し七月以後於ては敵の攻撃は略《ママ》んどなく時々敵機の投降勧告の伝単撒布を受ける程度なりき。

　然し比島人の襲撃は依然猛烈にて食料獲得の為山中より下り比島部落に行きし者は悉く包囲斬殺を受け帰山した者略《ママ》んどなし。

六、終戦の知得及び其後の処置

　四月以後電池の補充つかず、無線の使用不可能となり上級司令部との連絡は勿論友軍相互の状況、本国及世界の情勢は全く不明となり只山中に明日の生命も測り難き悲惨なる生活を続けあるのみなれば終戦の事実は全く知らず。

　かくて八月廿四日に至り、「ピナツボ」山西側に在りし海軍部隊が敵機の投下せる伝単を拾ひ「八月十五日日本が無条件降伏した」ことを知るも最初は敵の謀略と思ひ信用せず、次いで八月廿九日に至り「ポーラツク」西方山中に在りし飛行場大隊関係部隊が在「クラーク」米軍より情報を得「日本が「ポツタム」宣誓を受諾し、終戦となり天皇より終戦の詔勅が出された」旨知るに及び初めて其真なるを覚る。

［後略］

七、停戦後集結迄の処置

終戦の事実は巳述の如く承知せるも、将兵悉く栄養失調と病気の為俄かに行動を開始するを得ず、再び連絡者を米軍に出し医薬品及糧食の飛行機投下を請ひ九月七日及九日の二回に亘り約二日分の糧食と若干の衛生材料医薬品の投下を受け、之に依り多少元気を回復し九月十日乃至十四日の間に漸く行動を起し、僅か数粁しか離れてない「クラーク」飛行場の一端迄二日間を要し、辛うじて辿り着くを得たり。而かも此の行軍途中に於ても若干の死者を生ぜり。

八、米軍との触接、降伏、武装解除、其後の状況

［中略］

茲に特筆すべきは現地人の感情にて収容所に至る途中、比島人市街、部落を通過するや比人は一斉に日本軍に罵詈誹謗を加へ中には投石する者もあり、警備米兵の制止なければ生命の危険さへ感ぜらるゝ程なり。

現地住民の民心把握については、比島派遣軍としては十分注意せし所なるも戦況悪化し、内地より物資の輸送杜絶し、已むなく現地物資を徴用した結果比島人に悪感情を起さしたものゝ如く情況已むを得ざる結果と謂ふべし。

九、特記すべき事項（除、戦略戦術及戦闘に関する事項）

㈠　生存者数

［中略］

俘虜収容所に入り初めて各部隊の者と顔を合せ、其後の状況を聞く状態で、大体の調査では生存者は陸海軍合して約一、五〇〇人に過ぎず、乃ち最初三〇、〇〇〇人中九五％が死せることとなり、死者中純然たる敵銃、砲爆撃に由るものは約二、〇〇〇人程度で残り大部は飢餓と病気に由るものなり。真に残念至極なり。

㈡　飢餓状態に陥りし以後に於ける軍紀維持について

戦線に於て敵弾に斃《たお》るゝことは平素の軍隊教育に於て其覚悟を教へられ、大して問題も起らざりしが、飢餓に陥り餓死に瀕するや、食欲に対する猛烈なる欲求より全く動物的本能を発揮し、廉恥心を喪失し、軍紀の維持は極めて困難なるに至れり。

［後略］

西暦(元号)	主な出来事	本書収録の資料から
	11.5 東京で大東亜会議開催(日本・満州・タイ・フィリピン・ビルマ・中国汪兆銘政権の各代表参加)、ラウレル大統領出席 (この頃、マニラで食糧高騰、コメ不足)	6.24 慰安所(レイテ島タクロバン) 【資料20】 8.26 陸軍慰安婦検診所事件(ミンダナオ島ダバオ) 【資料80①】 9.19 兵站設備慰安所の処理(ルソン島パンガシナ州パサイ)【資料22】 10.1 物資不足物価昂騰に基因する生活難(パナイ島イロイロ)【資料99】 11月 花柳病は猛烈に蔓延(レイテ島) 【資料74】
1944 (昭和19)	3.27 第14軍、南方総軍隷下に編入 7.18 東条内閣総辞職 7.28 第14軍、第14方面軍に昇格 8.1 ケソン大統領(亡命政府)、米国で客死。オスメニア後継 8.6 米軍、ダバオ初空襲 9.21 米軍、マニラ初空襲 9.22 ラウレル大統領、戒厳令施行 9.26 山下奉文、第14方面軍司令官就任 10.18 大本営、フィリピン方面に陸海軍主力を集中し、決戦を挑む捷1号作戦の発動を命令 10.20 米軍、レイテ島上陸 10.24 レイテ沖海戦開始(連合艦隊は事実上壊滅状態) 12.8 マカピリ(フィリピン愛国同志会)結成 12.19 大本営、レイテ地上決戦方針を放棄 12.26 山下司令官、マニラを撤退。バギオに移転	1月 民衆の生活実相は逼迫の一途(ルソン島バヨンボン) 【資料100】 1.10 慰安所(レイテ島タクロバン巡視経路) 【資料23】 3.13 慰安所用として衛生サック10,000個揚陸(レイテ島タクロバン) 【資料76】 5.1 兵站慰安所従業員の帰還(ルソン島マニラ) 【資料26】 9.26 第一慰安所窃盗事件(ルソン島ツゲガラオ) 【資料29】 11.2 慰安婦25名(ルソン島バヨンボン) 【資料30】 12月 花柳病、猛烈に蔓延しある状況(レイテ島) 【資料74】
1945 (昭和20)	1.9 米軍、ルソン島リンガエン湾に上陸 2.3 米軍、マニラ市内に侵入 2.27 亡命コモンウェルス政府、マニラに帰還 3.10 米軍、ミンダナオ島上陸 4.16 山下司令官、バギオを撤退。以後司令部はルソン島北部山岳地帯を転々と移動 7.5 マッカーサー、フィリピン全土の解放宣言 8.15 日本、無条件降伏・ポツダム宣言受諾を発表(第2次世界大戦終わる) 9.3 山下司令官、米軍に降伏	4月～8月 終戦直前の状況 【資料134】

【「主な出来事」についての参考資料】池端雪浦編『日本占領下のフィリピン』(岩波書店、1996年)、フィリピン「従軍慰安婦」補償請求裁判弁護団編『フィリピンの日本軍「慰安婦」―性的暴力の被害者たち』(明石書店、1995年)、鈴木静夫『物語 フィリピンの歴史―「盗まれた楽園」と抵抗の500年』(中央公論社、1997年)、『近代日本総合年表(第4版)』(岩波書店、2001年)

日本占領下フィリピン略年表

西暦（元号）	主な出来事	本書収録の資料から
1941 （昭和16）	10.18 東条英機内閣成立 11.6 日本陸軍、第14軍編成（司令官　本間雅晴） 11.11 ケソン大統領、オスメニア副大統領、再選 12.8 日本ハワイ真珠湾空襲、米英蘭に宣戦布告。日本軍のフィリピン侵略開始（各地を空襲） 12.10 日本軍、ルソン島北部アパリ侵入、以降12.12レガスピー、12.14リンガエン湾、12.20ミンダナオ島ダバオ、12.25ホロ島に上陸 12.26 米極東陸軍（ＵＳＡＦＦＥ）司令官マッカーサー、マニラを非武装都市宣言 12.28 ケソン大統領、コレヒドール島へ脱出	12.23 野戦病院花柳病患者治療（ミンダナオ島ダバオ）【資料80①】
1942 （昭和17）	1.2 日本軍、マニラを占領 1.3 日本軍の軍政開始（軍政部設置「軍律ニ関スル件」公布） 1.9 日本軍「第一次バターン半島攻略戦」 1.21 東条首相、フィリピンに将来「独立の栄誉」を与えると宣言 1.23 フィリピン行政府発足（長官ホルヘ・バルガス） 2.20 ケソン大統領、コレヒドール島脱出 3.11 マッカーサー、コレヒドール島脱出 3.29 フクバラハップ（抗日人民軍）結成 4.9 日本軍、バターン半島攻略。バターン「死の行進」始まる 4.16 日本軍、パナイ島イロイロに侵攻 4.20 日本軍、セブ島、パナイ島占領 5.3 日本軍、ミンダナオ島カガヤンに侵攻 5.7 コレヒドール島陥落。米極東軍降伏 5.10 日本軍、ミンダナオ島占領 8.1 田中静壱、第14軍司令官就任 12.4 日本軍、フィリピンの全政党を解散 12.30 カリバピ（新比島建設奉仕団）結成	2.25 衛生サック500万個陸軍需品追送【資料59】 3.30 衛生サック1530万個陸軍需品追送【資料60】 5.12 検黴検査実施（パナイ島イロイロ第一慰安所）【資料77】 5.29 慰安所揚陸24名（パナイ島イロイロ）【資料１】 6.6 慰安所規定（ミンダナオ島ブツアン）【資料２】 6.11 慰安所設置（ミンダナオ島カガヤン）【資料４】 ７月 軍人倶楽部規定（マスバテ島）【資料６】 8.1 各種慰安設備を増す（セブ島）【資料７】 9.30 船員慰安休養施設の経営（ルソン島マニラほか）【資料10】 10.5 慰安所使用日割表（ミンダナオ島ダンサラン）【資料11】 11.10 将校用慰安所の流言（ルソン島サンフェルナンド）【資料12】 11.22 慰安所規定（パナイ島イロイロ、第一慰安所）【資料14】
1943 （昭和18）	5.5 東条首相、フィリピン初訪問 5.19 黒田重徳、第14軍司令官就任 7.10 東条首相、フィリピン再訪 10.14 「フィリピン共和国」樹立（大統領ホセ・ラウレル、事実上、日本の傀儡政権） 日比同盟条約調印	2.14 第三慰安所を開業せしむ（ミンダナオ島カガヤン）【資料18】 2.21 慰安婦６名中１名病気（ネグロス島ピナガバン）【資料19】 2.26 第一～第八慰安所花柳病罹患（ルソン島マニラ）【資料69】

カタルマン
パラパグ
マスパテ
マスパテ島
ミラグロ
カルベヨグ
カタバロバン
サマール島
バタン
キャピス（ロハス）
バンタン
パナイ島
マダラグ
バレテ
バニタン
エスタンシア
サラ
レイテ
カリガラ
タクロバン
サンミゲル
タオ
アホイ
パサイ
メデリン
オルモック
パロ
サンホセ
シライ
ボゴ
ダガミ
タチワン
イロイロ
タリサイ
タボガン
ブラウエン
ミヤガオ
バゴロド
アルブエラ
ヴェナビスタ
バゴ
セブ島
バイバイ
セブ
レイテ島
ナガ
ビナルバガン
バト
カルカル
アルガオ
ボホール島
ネグロス島
ボルホーン
タワビラワン
スリガオ
ツマゲテ
タイタイ
サライ
ブツアン
カガヤン
リアンガ
ディポログ
イリガン
プエルトプリンセサ
マライバライ
ダンサラン
マラバン
キバウエ
パラワン島
シライ
パラン
イシン
コタバト
ダバオ
マチ
ザンボアンガ
ミンダナオ島
ジェネラルサントス

日本占領下フィリピン要図

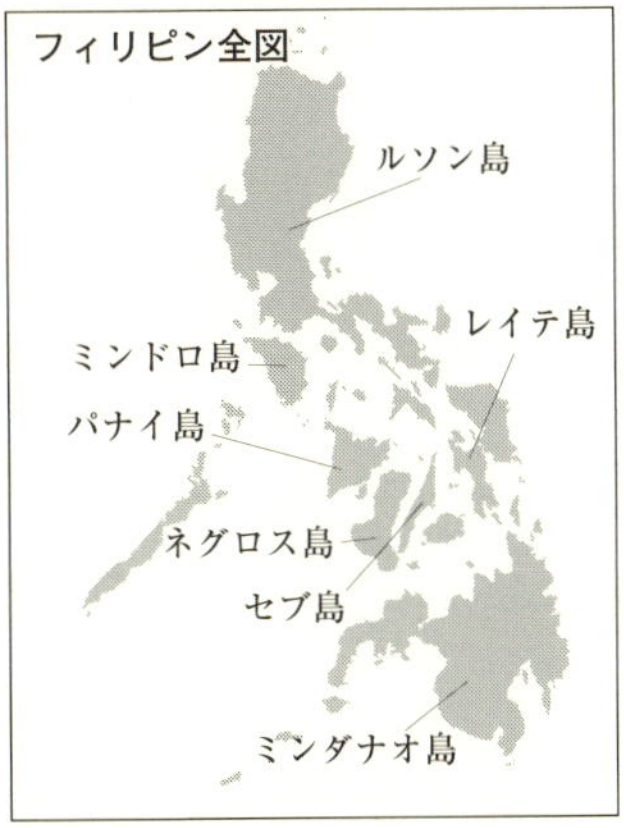

＊**太字**は「慰安所」のあった場所。
数字はその資料番号を示す。

バヨンボン　㉕㉚(53)(54)
ダグバン　㊷㊺㊻㊼㊽㊾
サンフェルナンド　⑫
マニラ　⑨⑰㉗(69)(115)
パシグ　㉒
レガスピー　(80)
マスパテ　⑥
タクロバン　⑳⑳㉓㉔㊶(76)
イロイロ　①⑭⑮⑯⑰
セブ　⑦
ナガ　⑧
ブツアン　②③
カガヤン　④⑤⑱
ダンサラン　⑪
ダバオ　(80)

私たちが日本軍の資料調査を始めたのは一九九七年三月からです。中間報告というかたちで、二〇〇〇年に私家版『日本占領下フィリピンにおける日本軍性暴力史料集』を出しました。あとがきに次のように書いています。

戦後五〇年近い歳月を経て、被害女性たちの勇気ある告発により公となった日本軍性奴隷制問題は私たち一人ひとりに、根本的な問い直しを迫る問題として衝撃的でした。被害者を中心としたアジアの女性たちの連帯のうねりは、この間、女性の人権回復に大きな進展をもたらし続けています。しかし一方、日本政府は国内外からの批判をよそに、この問題に対する法的責任をいまだに認めていません。また多くの「慰安婦」裁判に対する司法の判断も、決して女性の人権回復への道を指し示す方向にはなっていません。

今日、「慰安婦」裁判は棄却ないし被害者敗訴が続いています。しかし国際社会からは日本軍「慰安婦」問題の解決を求める決議が次々と出され、国内では、立法化による解決も審議されようとしています。にもかかわらず日本政府はいまだに「女性のためのアジア平和国民基金」（二〇〇七年終了）で解決済みとしています。

私たちは加害国の市民として、女性として、二度とこのようなことが繰り返されないために、日本軍の戦争犯罪・性暴力の実態を明らかにしようと取り組んできました。資料調査をとおして浮かび上がったことは、戦地における兵士の性管理と女性への性暴力の深刻さ、性意識のあり方でした。それは現在もなお続く、女性への人権侵害に共通の問題を投げかけています。本資料集が日本軍の性暴力の事実を明らかにする一助となることを願っています。

戦地性暴力を調査する会

二〇〇八年七月

資料集・日本軍にみる性管理と性暴力
——フィリピン1941～45年

2008年 8 月15日　初版発行

編　者　戦地性暴力を調査する会
　　　　連絡先　武田てるよ
　　　　　　　　住所　〒186-0003　国立市富士見台4-1-22
装　丁　宮部浩司
発行者　羽田ゆみ子
発行所　梨の木舎
　　　　〒101-0051
　　　　東京都千代田区神田神保町1-42
　　　　　　　　TEL 03(3291)8229
　　　　　　　　FAX 03(3291)8090
　　　　　　　　eメール　nashinoki-sha@jca.apc.org
ＤＴＰ　石山和雄
印刷所　株式会社 厚徳社

自由をつくる　vol.1

金子文子 わたしはわたし自身を生きる

手記・調書・歌・年譜

鈴木裕子編

A5判/288頁　定価2600円＋税

金子文子（1903年～26年）の獄中手記・裁判調書・歌・年譜により、凄烈にいきた彼女の全像をつたえる。《時代をこえて、人間への愛と、権力への反逆に生き、「わたし自身を生きた」金子文子の生と死は、わたくしたちに勇気を与える。》（鈴木裕子・解説より）

4-8166-0607-6

自由をつくる　vol.3

君たちに伝えたい 朝霞、そこは基地の街だった。　2刷

中條克俊著

A5判/200頁　定価1800円＋税

朝霞の中学校の先生・中條克俊さんが、街に住む人びとにインタビューしたり、資料から読み取ったりして、10年をかけてほりおこした地域の歴史である。

菊池章子がうたった『星の流れに』の誕生逸話をおりまぜて送る。

4-8166-0608-4

ガイサンシーとその姉妹たち

班忠義著

四六判上製/346頁　定価2800円＋税

「ガイサンシーって,何のこと？」私はたずねた。

「ガイサンシーさえ知らないの？　あなたがこのことを調べるなら、まずガイサンシーのことを知るべきだ。彼女は日本軍に一番ひどい仕打ちを受けた人で、最初に日本軍のトーチカに連れて行かれた一人なのだから」——1995年、こうして、中国山西省における中国人女性に対する、日本軍の性暴力に迫る著者の長い旅が始まった。

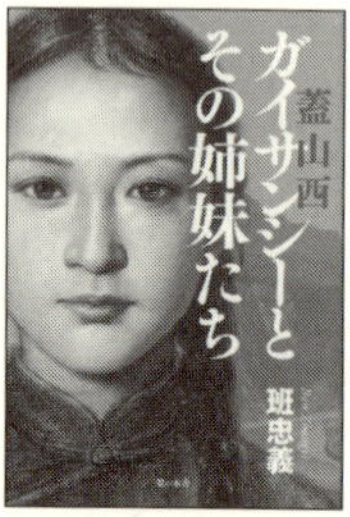

4-8166-0610-6

平和の種をはこぶ風になれ

ノーマ・フィールドさんとシカゴで話す

ノーマ・フィールド　内海愛子著

四六判上製/264頁　定価2200円＋税

2004年7月4日、内海愛子さんとシカゴ空港に降り立った。対イラク戦争を始めて1年すぎた独立記念日のアメリカ。「戦時下なのに戦争の影がないですね」、から対談は始まった。わたしたちの平和な消費生活が戦争を支えている——。個人史をふり返りながら、「平和」とは何かを考える。

978-4-8166-0703-5

むし歯って
みがけばとまるんだヨ　2刷

岡田弥生著

四六判/192頁　定価1500円＋税

歯の育児書です。

むし歯はとまる、とまっていれば大丈夫！

杉並区で20年間健診医をつとめる岡田先生が、お母さん、お父さん、おばあちゃん、おじいちゃんへつたえる、むし歯で削らないためのスキルとインフォメーション。

978-4-8166-0802-5

朝鮮近代史を
駆けぬけた女性たち　32人

呉香淑《オ・ヒャンスク》著

A5判/216頁　定価2300円＋税

一葉や、らいてうや、晶子が生きた近代に、朝鮮の女性たちはどう生きたのか。画家、作家、事業家、教育者、舞踊家、医者、独立運動家…。日本植民地下に二重三重のマイノリティとして時代を駆けぬけ生きぬいた女たちを描く。写真多数。白善行《ペク・ソネン》、明成王后《ミョンソンワンフ》、李《イ・》貞淑《ジョンスク》、金貞蕙《キム・ジョンヘ》、南慈賢《ナム・ジャヒョ》、趙信聖《チョ・シンソン》　ほか。

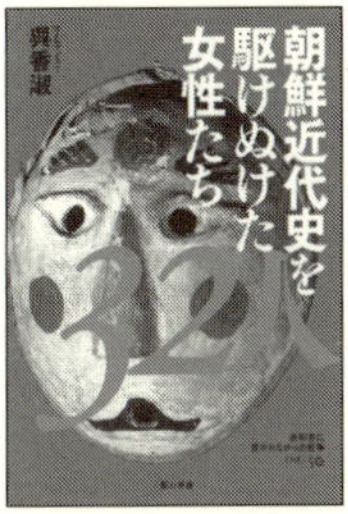

978-4-8166-0801-8

ジェンダーの視点からみる
日韓近現代史　2刷

日韓「女性」共同歴史教材編纂委員会

A5判/356頁　定価2800円＋税

日韓の研究者と市民運動家が、はじめてともにつくるジェンダーの視点による近現代史。編纂委員会は、二〇〇一年の秋以来、日本と韓国で交互に公開シンポジウムと会議をひらき、議論を重ねる。画期的な試みによる「歴史書」が誕生。日韓同時刊行。

4-8166-0503-7

りかちゃんの国語科通信
――出産、子育て、南米の旅の巻

西山利佳

A5判/168頁　定価1700円＋税

「人は何かを伝えたくて言葉を学ぶのよ」と西山先生は言う。フォルクローレグループ/ロス・アルームノスの太鼓たたきにして児童文学評論家。西山りか先生の学級通信。妊娠、出産、子連れペルーの旅編。

978-4-8166-0707-3

愛する、愛される　2刷

デートDVをなくす・若者のためのレッスン7

山口のり子著（アウェアDV行動変革プログラム・ファシリテーター）

【まんが・海里真弓　原作・レジリエンス】

A5判/120頁　定価1200円＋税

◆愛されているとおもいこみ、暴力から逃げ出せなかった。愛する、愛されるってほんとうはどういうこと？

◆おとなの間だけでなく、若者のあいだにも広がっているデートＤＶをさけるために。若者のためのレッスン７

4-8166-0109-X

大切な人を亡くしたこどもたちを支える35の方法

ダギーセンター著　翻訳・レジリエンス

A5判/54頁　定価1500円＋税

両親や家族を失った子どもたちを支え、心の痛みを癒し元気を回復できるよう、普段の暮らしの中で誰もができるちいさなこと、35を提案します。

4-8166-0506-1

傷ついたあなたへ　2刷

わたしがわたしを大切にするということ

レジリエンス著

A5判/104頁　定価1500円＋税

◆ＤＶは、パートナーからの「力」と「支配」です。誰にも話せずひとりで苦しみ、無気力になっている人が、ＤＶやトラウマとむきあい、のりこえていくには困難が伴います。

◆本書は、「わたし」に起きたことに向きあい、「わたし」を大切にして生きていくためのサポートをするものです。

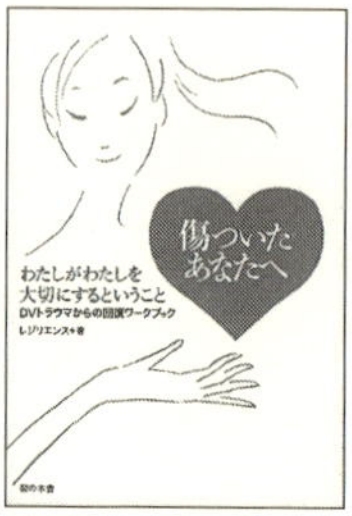

4-8166-0505-3

DVあなた自身を抱きしめて　2刷

――アメリカの被害者・加害者プログラム

山口のり子著

B6判/207頁　定価1700円＋税

DV＝ドメスティック・バイオレンスは被害者のケアはむろんだが、加害者に対する防止プログラムが必要になる。25年以上の実績があり、筆者が学んできたアメリカの例を紹介する。新聞や雑誌、TVで紹介。

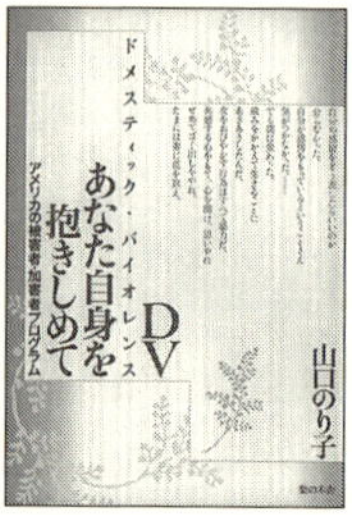

4-8166-0405-7